지금의 조건에서 행복해지는 법

지금의 조건에서 행복해지는 법

초판 1쇄 2022년 07월 22일
지은이 최유진 | **펴낸이** 송영화 | **펴낸곳** 굿웰스북스 | **총괄** 임종익
등록 제 2020-000123호 | **주소** 서울시 마포구 양화로 133 서교타워 711호
전화 02) 322-7803 | **팩스** 02) 6007-1845 | **이메일** gwbooks@hanmail.net

© 최유진, 굿웰스북스 2022, *Printed in Korea*.

ISBN 979-11-92259-30-7 03190 | **값 15,000원**

지금의 조건에서 행복해지는 법

/

최유진 지음

/

굿웰스북스

내가 다니는 회사의 별명은 '제약회사의 공무원'이었다. 우리 회사는 잘리지 않으며 매년 2~3%의 연봉 인상이 이루어졌기 때문이다. 본인이 퇴사하지 않는 이상 평생 다닐 수 있는 꿈의 직장이었다.

하지만 코로나19 시대 앞에서는 모든 상황이 변했다. 잘리지 않을 것 같은 회사에서 몇 사람은 권고퇴직을 받았다. 그렇게 내 위의 상사분들이 한 명씩 퇴직했다. 남의 일 같지 않았다. 먼 미래에는 내가 권고퇴직 받을 것 같은 느낌이 들었다.

대학교를 졸업하고 회사에 입사만 하면 행복할 것 같았던 나에게 찾아온 불행이었다. 회사에 입사하고는 자기계발과는 담을 쌓고 게임만 했다. 나도 물 흐르듯이 살면 정년까지 보장이 될 것 같은 느낌이었다. 갑자기 바뀐 현실에 나는 조급해졌다.

'그럼 나는 어떻게 해야 할까?', '회사는 경력이 쌓이지 않는데, 방법이 없을까?'라는 생각이 매일 맴돌았다.

제약회사의 특성상 업무는 매일 반복이었다. 스케쥴 업무로 인해 나의 시간을 관리하기는 편했다. 한 달 일정이 나오다 보니 야근하는 날이 눈에 보였다. 야근을 제외하고는 모두가 부러워하는 칼퇴근이었다. 나는 이제 어제와 달라져야 했다.

현재 하는 일이 7년 뒤의 미래를 결정한다고 했다. 나는 그렇게 7년 뒤의 미래를 바꾸려고 부지런히 노력했다. 처음에는 무엇을 해야 할지 몰라서 자격증과 토익을 공부했다. 이런 공부는 결국 다시 직장인의 생활을 해야 한다는 두려움이 생겼다.

나는 책을 읽기 시작했다. 책을 읽으면서 직장이 아닌 내가 원하는 삶을 살아보고 싶었다. 남들이 말하는 경제적 자유를 이뤄보고 싶었다. 남이 시켜서 하는 일이 아닌 내가 좋아서 하는 일, 그 일을 찾으려고 노력했다.

먼저 내가 잘하는 것을 찾아보니 주변 사람들에게 행복을 전하는 일이었다. 하지만 책을 출간하는 방법을 몰랐다. 단지 나는 작가가 되고 싶은 욕심이 있었다. 목표가 생기면 자연스럽게 이루고자 하는 마음에 방법이 생긴다. 나는 자연스럽게 〈한국책쓰기강사양성협회〉의 김태광 대표님과 〈위닝북스〉 권동희 대표님을 만나게 되었다. 두 분께 배워서 빠르게 작가가 될 수 있었다. 나는 그렇게 『누구나 이유 없이 행복해질 수 있다』라는 제목으로 첫 책을 출간하게 되었다.

첫 책이 나오고 나니 주변에서 나를 '작가님'으로 부르기 시작했다. 그리고 첫 책을 읽은 독자들이 나에게 상담을 요청했다. 그들의 내용을 듣고 나는 공감도 해주고 때로는 해결책도 알려 주며 점점 내가 원하는 삶으로 나아가고 있었다.

상담을 많이 하다 보니 문득 사람들이 행복을 멀리서 찾고 있다는 것을 깨달았다. 나는 그래서 두 번째 책은 지금의 조건에서 행복을 찾는 방법들을 적었다. 그동안 상담했던 내용을 바탕으로 친구들에게 알려 주었던 방법을 여러 사람에게 나누고 싶었다.

행복을 멀리서 찾지 않아도, 지금의 조건에서 충분히 행복할 수 있었다. 하지만 방법을 모르고는 지금에서 행복을 찾긴 어렵다. 블로그에서도 행복을 말하고 다른 사람들을 도와주었다. 사람들이 원하는 건 나처럼 본인이 원하는 일을 하는 것이었다.

블로그에서 또 많은 사람을 만났다. 대부분 본인이 무엇을 원하는지 잘 모르고 무엇을 잘하는지도 몰랐다. 나는 어릴 때부터 친구들이 강점과 장점, 약점을 잘 찾아주었다. 그 장기를 바탕으로 블로그 이웃들의 강점과 장점을 찾아서 브랜딩을 시켜주었다. 그렇게 그들은 본인이 원하는 일을 하며 행복을 향해 갔다.

내가 사람들에게 자신의 강점을 찾도록 도와주었던 방법을 이 책에 적어놨다. 책을 읽고 많은 사람이 강점을 찾고 본인이 좋아하는 일을 했으면 좋겠다. 매일 아침 출근을 위해 일어나는 삶은 너무 고통스럽지 않은가? 나는 남들이 매일 설레며 일어나는 아침을 선물하고 싶다.

내가 가장 좋아하는 구절이 있다. '성공이란 선물은 항상 시련이란 포장지에 감싸져서 온다. 성공이 크면 클수록 포장지 또한 커서 시련도 크다.'라는 구절이다. 김지영 강사님께서 해주신 말이다.

지금 상황이 힘들다면, 우리는 포장지를 벗기는 중이다. 언젠가 포장지가 다 벗겨지면 성공이란 선물을 받을 것이다. 누구나 행복의 기준은 다르다. 하지만 적어도 가까이 있는 행복을 찾았으면 좋겠다는 마음에 책을 썼다. 이 책이 당신의 포장지를 벗기는 작업을 도와줬으면 좋겠다.

목
차

2장 왜 내 주변에는 행복한 사람만 있을까?

3장 우리는 행복을 배워야 합니다

4장 나와 사이좋게 지내는 방법

5장 오늘부터 내 인생, 행복합니다

1장

행복,

최대의
고민입니다

01

불행은 왜 나에게만 온다고
생각했을까?

내가 산 주식은 항상 떨어지는 기분이다. 친구들은 내가 주식을 사면 팔고 내가 팔 때 다시 사기 시작했다. 주식 유튜버보다 내가 정확하다면서…. 그렇게 몇 번 반복하다 보니 나는 자연스럽게 주식을 포기했다. '나와는 맞지 않는 분야인가 봐.'

주식 공부도 제대로 하지 않고, 주변의 소리만 듣고 주식 투자를 한 결과였다. 너무나 당연했다. 남들은 주식으로 돈을 벌기 위해서 차트를 공부하고 경향까지 파악한다는데, 나는 주워들은 지식으로 대충 판단하고 샀으니….

우스갯소리로 하는 이야기가 있다. 2020년에 주식을 시작했는데, 수익을 못 냈으면 주식 하지 말라고. 2020년에는 어떤 주식을 사도 오르는 해였다. 하지만 그렇게 주가가 오를 때에도 수익을 못 낸 사람은 뭔가 문제가 있다는 것이었다. 그래서 주식을 하지 말라는 소리였다. 나는 2020년에 수익을 못 낸 사람이다. 즉, 주식을 하면 안 되는 사람이었다. 나는 나 자신을 깨닫고 오르기만을 기도하며 주식 계좌는 영영 묻어뒀다.

'왜 항상 나는 잘 안 풀릴까?'라는 생각을 했다. 내가 가지고 나간 물건은 항상 잃어버리기 일쑤였다. 그리고 내 손에 닿은 물건은 항상 고장이 났다. 고장이 나려고 내 손에 온 건지 내 손이 모든 걸 고장 내는 건지…. 나는 친구들의 물건을 만질 땐 항상 조심스러웠다.

성격도 덤벙대는 성격이라 초등학생 때 아침에 들고 나간 우비는 집에 돌아오면 항상 없었다. 현관에서 실내화를 갈아 신으면서 우비를 잠깐 내려놓는다는 게 신발을 다 갈아 신고 그대로 교실로 들어갔다. 우비가 사라진 것도 엄마가 찾으면서 깨닫는다.

내가 덤벙대는 건 물건을 잃어버릴 때만이 아니었다. 초등학교 2학년 때 시험에서 애벌레 다음은 무엇이냐는 문제가 나왔다. 나는 애벌레가 진화하면 당연히 '단데기!' 하면서 답을 썼다. 내가 초등학생 때 한참 포

지금의 조건에서 행복해지는 법

켓몬이 유행이었다. 그래서 포켓몬을 보고 자신 있게 '단데기'를 적었었다. 학교 선생님도 웃고 어머니도 오답을 듣고 엄청나게 웃으셨다. 이렇게 아는 문제도 안다고 덤벙대면서 틀리는 실수도 잦았다.

이런 성격에 뛰어놀고 공놀이를 좋아했다. 그러다 보니 피구를 하다가 손가락도 삐고, 뛰어다니다가 발목을 자주 접질렸다. 손가락과 발목에 깁스를 하는 일도 많았다. 그러고 나서 생각했다. '왜 항상 나는 운이 없을까?'

운이 없는 게 아니었다. 내가 조심성이 없는 것이었다. 남들은 피구를 해도 안 다치고, 뛰어다녀도 발목을 접질리지 않았다. 나는 그냥 주변을 안 살피고 몸을 아끼지 않았던 것이다. 그리고 스스로 색안경을 썼다. '나는 덤벙대는 애야. 나는 발목이 약한 애야. 내가 손대는 것마다 고장 나.'라는 색안경. 이 색안경을 끼고 있으니 내가 생각한대로 정말 그렇게 이루어졌다. 마치 꼭 그래야 하는 것처럼.

세상에는 2가지 부류의 사람이 있다. 위기가 오면 피해버리는 사람과 위기에 맞서는 사람. 나는 전자에 가까웠다. 물건을 잃어버려도 찾으려고 하지 않고 '엄마가 해결해주겠지.'라는 생각으로 찾는 노력조차 하지 않았다.

어떤 위기가 오더라도 스스로 해결하려 하지 않았다. 항상 피하려고만 하다 보니 발전이 없었다. 어릴 때부터 그랬던 습관은 성인이 되고 나서도 똑같았다. 어릴 때부터 어머니가 다 해결해주고 의견도 결정해줬다. 그러다 보니 나는 자연스럽게 결정도 잘 하지 못하고 모든 일을 해결조차 하려 하지 않았다.

성인이 되고 나서 깨달았다. 어릴 때부터 선택은 본인이 하는 습관을 들여야 하는구나. 선택을 다 누군가가 해주면 커서도 누군가가 선택을 해줬으면 좋겠다고 생각하는구나. 나는 마음속으로 선택한 일이 있어도 주변 사람에게 물어보고 선택해주길 기다린다. 그리고 그 선택이 마음에 들지 않아도 주변에서 해준 선택을 따랐다.

어릴 때부터 내가 스스로 선택하지 않다 보니 주관이 없었다. 나는 우유부단했다. 우유부단한 성격이 인생을 살아가기에 힘들다는 것을 공부하면서 깨달았다. 어떤 결정에 나의 주관 없이 이러지도 저러지도 못하는 것이었다. 점점 나이가 들면서 주변에 동생들도 생기고 후배들도 생기면서 이런 내가 부끄러워졌다. 나도 나의 주관을 키우고 싶었다.

그때 도움이 된 건 글쓰기였다. 우유부단한 사람들은 갑자기 어떤 선택의 상황이 닥쳤을 때 고민하다가 제대로 된 선택도 못 한다. 나는 집에 와서 글로 써봤다. 내가 왜 그때 그런 선택을 했는지, 왜 고민을 했는지 곰곰이 생각하고 적어봤다.

그리고 다음에 또 이런 상황이 오면 그땐 어떤 선택을 할지 적었다. 그 선택을 한 이유도 적어보았다. 그렇게 글쓰기를 하다 보니 나의 주관이 생겼다. 어떤 상황이 왔을 때는 흔들리지 않고 내 생각대로 선택할 수 있었다.

점점 내 주관이 생기다 보니 선택의 상황에서 조금씩 좋은 선택을 하기 시작했다. 좋은 선택이 쌓이자 점점 결과가 달라졌다. '어? 나도 할 수 있겠는데? 나도 될 것 같은데?'라는 생각이 자리 잡았다.

나의 색안경이 바뀌기 시작했다. 덤벙대는 성격이 차분해졌다. 우유부단했던 내가 선택에 있어서 과감해졌다. 미리 한 번 글로 써번 대화 주제는 사람들 앞에서도 말도 잘할 수 있었다. 단지 나의 성격을 바꾸고 싶었는데 글쓰기를 하면서 변화되는 내 모습이 보였다.

이제는 위기가 오면 맞서는 사람이 되어가고 있었다. 어떤 문제가 찾아오면 실수하더라도 일단 내가 선택하게 되었다. 선택에 실패가 있으면 성장의 발판으로 삼았다. 실패도 나중에는 경험이 돼서 좋은 선택을 할 수 있게 되었다.

그러자 나에게 조금씩 행운이 찾아왔다. 내 마음속에 '할 수 있다.'라는 마음으로 가득 차니 무슨 일을 해도 용기가 생겼다. 물건을 만질 때도 이제는 고장 나지 않을 것 같은 마음도 생겼다. 그렇게 요즘은 고장을 내기보다는 남이 고장 낸 물건을 고쳐주기까지 한다.

나는 성격이 우유부단한 사람들에게 글쓰기를 추천하고 싶다. 글쓰기를 어렵게 생각하지 않아도 된다. 오늘 내가 실수했던 선택이나 후회되는 일들에 대해 짧게 한두 줄만 써도 좋다. 그것도 어렵다면 내가 좋아하는 주제에 대해서 한두 줄만 쓰는 것이다. 그렇게 글쓰기를 하다 보면 선택의 상황이 왔을 때 주변의 소리에 휘둘리지 않게 된다. 나의 주관을 갖게 된다.

2022년의 주식은 모든 사람이 파란불을 보고 있다. 나도 역시 파란불을 보고 있다. 예전 같았으면 불안해서 벌써 뺐을 것 같다. 하지만 요즘은 내가 선택한 주식들이니 그냥 둔다. 주식 유튜버 중 한 사람은 이런 말을 했다. "주식을 사고 제발 수면제를 드세요. 잠깐 오르고 떨어지는 것에 웃고 울고 하지 말고 길게 보셔야 해요."라고.

나도 당장 팔려고 산 주식이 아니기 때문에 주변의 상황에 이제는 흔들리지 않았다. 주변에서 "왜 안 팔아요? 지금 팔아야 해요!"라고 해도 난 묵묵히 나의 길을 간다. 물론 이 선택이 실수일 수도 있다. 하지만 이 선택에서 또 배울 것이 있다고 생각한다.

실패한 선택이 쌓이면 결국 좋은 선택을 할 수 있는 안경이 생긴다. 다음번엔 똑같은 실수를 하지 않기 위해 난 또 글로 나의 선택에 대한 이유를 적어놓을 것이기 때문이다. 그렇게 조금씩 나는 좋은 선택을 해나가고 있다.

지금 내가 불행하다고 생각한다면 상황을 바꿀 때가 왔다. 결코 당신은 불행한 사람이 아니다. 나도 내가 항상 불행하고 운이 없다고 생각했다. 하지만 그 원인은 나의 선택에 있었다. 내가 과거에 한 선택이 현재의 결과로 다가온 것이다.

내 선택을 좋은 방향으로 바꿔야만 한다. 내가 한 선택에 대해서 하루에 한두 줄 쓰는 것만으로도 불행했던 내가 운이 좋은 사람이 된다면 해볼 만한 투자가 아닌가?

지우고 싶은
나의 과거

누구에게나 한 번쯤은 지우고 싶은 과거가 있다. 상대방에게 상처를 줬거나, 기억하고 싶지 않은 흑역사를 남겼거나, 사고를 친 경험 등 이유는 다양하다. 연예인들에게는 지우고 싶은 과거 사진이 하나둘쯤은 있기 마련이다.

나는 어릴 때 장난감을 좋아했다. 스네이크 큐브인 척척이를 엄청나게 좋아했다. 마음대로 접었다 폈다 하면서 내가 원하는 모양을 만들 수 있는 장난감이었다. 그동안 부모님을 열심히 꼬셔서 주말에 척척이를 사러 같이 시장에 갔다.

척척이를 사고 집으로 돌아오는 길은 엄청나게 행복했다. 하지만 집으로 돌아온 순간 행복은 깨졌다. 집에 돌아와보니 집은 난장판이 되어 있었다. 집에 도둑이 든 것이다. 처음으로 나는 경찰을 직접 봤다. 여러 가지 답변을 듣고 경찰분들은 돌아가셨다. 우리는 묵묵히 집을 정리했다.

나는 그 뒤로 장난감을 얼마나 가지고 놀았는지는 생각나지 않는다. 하지만 아직도 그때의 충격은 엄청났다. 부모님께서 결혼할 때 받았던 작은 황금 소들이 다 사라졌다. 어린 마음에 '장난감을 사러 가지만 않았다면…' 하면서 후회했다.

아직도 그때의 기억은 생생하다. 집으로 돌아왔을 때 난장판이 된 흔적들. 그래서 요즘도 문단속은 철저히 하고 나간다. 그날도 문단속을 철저히 하고 나갔지만, 가스 배관을 타고 창문을 통해 들어왔다. 그래서 나갈 때는 현관문뿐만 아니라 창문을 중점적으로 닫고 나가는 습관이 생겼다.

그때의 미안한 감정이 커서 그런지 나는 빨리 경제적 자유를 이루고 싶었다. 경제적 자유를 이루고 싶어하는 사람들은 많다. 그 이유도 다양하다. 부자가 돼서 놀러 다니고 싶어서, 먹고 싶은 것을 마음껏 먹고 싶어서 등등.

결국 그 이유는 본인의 행복 때문이다. 나도 나의 행복을 위해서 경제적 자유를 이루고 싶었다. 나의 행복은 나의 소중한 사람들을 지키고, 추억을 쌓는 것이었다. 그러기엔 무작정 돈만 필요한 것은 아니었다. 나의 시간을 팔아서 돈을 많이 번다고 해도 시간이 없으면 추억을 쌓기 힘들었다.

나는 그래서 시간도 돈도 충분한 경제적 자유를 원했다. 이때부터 행복, 부자, 돈, 성공에 관한 책을 자연스럽게 읽었다. 그들은 어떻게 경제적 자유를 달성했는지 궁금했다. 이때부터 배운 내용을 하나씩 삶에 적용하기 시작했다. 그 내용을 나는 글로 써서 영상을 찍었다. 그렇게 나는 경제적 자유를 이룬 행복한 부자들에 관해 공부한 내용을 유튜브에 올리면서 사람들에게 공유했다.

경제적 자유를 이룬 사람들이 말하는 건 똑같았다. 글쓰기와 독서가 중요하다고 했다. 그래서 나는 나름 블로그에 글도 쓰고 회사 점심시간에 독서도 했다. 하지만 변화가 없다고 느꼈다. 그 이유는 당연했다. 나에게 집어넣는 인풋만 하고 있었다.

글쓰기 수업을 엄청나게 들었다. 하지만 듣고 이해하고 넘겼다. 실제로 적용해보지 않았다. 독서도 마찬가지였다. 읽고 밑줄 치고, 내 생각을 메모했다. 하지만 내 삶에 적용하는 독서는 하지 않았다. 많은 깨우침만 얻고, 거기서 끝났다.

하지만 부자들은 달랐다. 독서를 하면서도 지금 나에게 필요한 문장을 보고 바로 삶에 적용했다. 그들은 책을 끝까지 읽지도 않았다. 현재 나에게 필요한 부분만 읽고 적용하고 끝이었다. 그들은 단순했다. 복잡하게 생각하지 않았다.

평범한 사람들은 독서를 하고 복잡하게 생각한다. '내가 이걸 할 수 있을까?', '이 사람이니까 이렇게 할 수 있지.'라면서. 나도 똑같은 생각을 했다. 『부의 추월차선』을 처음 읽었을 때도 그랬다. '회사에 다니면서 어떻게 이런 걸 적용해. 나는 못 할 거야.'라고. 나는 역시나 복잡하게 생각하고 있었다.

그러다가 자청의 『역행자』를 읽게 되었다. 자청은 자수성가 청년의 줄임말로, 유튜버이면서 많은 사람에게 경제적 자유를 이루는 지식을 나눠주는 청년이다. 자청에게 지식을 배워 실제로 경제적 자유를 이룬 사람들이 엄청나게 많았다. 그래서 나도 그의 책을 샀다.

그의 책에도 나와 있었다. 경제적 자유를 이룬 사람들은 행동한다고. 물론 행동하는 게 쉽지 않다. 사람은 살아오던 삶과 다른 행동을 하는 것이 매우 어렵도록 진화했다. 그러나 가끔 이런 장치가 고장 난 사람들이 바로 행동한다. 그런 사람들이 대부분 성공했다.

나는 그래서 책 부록에서 추천한 사업 아이템을 '직접 해 볼까'라는 생각을 했다. 어느 날 저녁을 먹으면서 부모님께 말씀을 드렸다. 이런 사업 아이템이 있는데 한번 도전해보려고 한다. 물론 나는 직장을 그만두면서까지 할 생각은 없었다. 일단 퇴근 후 저녁에 시작해보고 잘되면 그때부터 본격적으로 할 생각이었다.

하지만 어머님은 "그걸 왜 하려고 하냐, 수요가 없을 것이다." 등 부정적인 의견을 내셨다. 나도 같은 생각을 가끔 했다. 하지만 직장을 그만두지 않고 하면 내가 손해 볼 건 별로 없다고 생각해서 도전해보려고 했다.

어머니의 반대에 나는 반항심이 들었다. 그래서 바로 생각을 거치지도 않고 말이 튀어나왔다. 그리고 서로 이야기를 하면서 오해를 풀었다. 어머께서는 회사를 그만두고 바로 하는 줄 아셨다. 나는 아니라고 했다.

다음 날 생각해보니 어제 생각을 거치지도 않고 한 말이 너무 후회되었다. 어머니께 상처를 준 것 같았다. 나는 어릴 때부터 반항심이 들면 생각 없이 말을 던지곤 했다. 그럴 때마다 어머니는 "너는 가끔 말을 정떨어지게 한다."라고 하셨다.

나는 주변 사람들에게 가끔 생각 없이 뱉은 말들이 후회스럽다. 내 마음은 그게 아닌데 나의 상황을 부정당한 것 같아서 다른 사람들에게 상처 주는 말을 해버렸다. 심지어 한번 뱉은 말은 상황을 되돌리기에 쉽지 않았다.

그 말에 대해 사과를 하려 해도 내가 보기에는 모두 변명 같았다. 그 뒤로 나는 말을 하기 전에 한 번 생각하고 말을 하려고 노력한다. 바로 바뀌진 않겠지만, 적어도 천천히 바뀌면서 소중한 사람들에게 상처 주는 말을 하고 싶진 않았다.

"말 한마디에 천 냥 빚도 갚는다."라는 옛 속담과 나는 반대로 하고 있었다. 말 한마디에 천 냥 빚을 지고 있었다. 심지어 지울 수 없는 마음의 상처까지 주었다.

나에게 지우고 싶은 과거를 생각해보면 더 많을지도 모른다. 하지만 나는 소중한 사람들을 지키고 싶었는데 그들에게 상처를 준 기억이 가장 지우고 싶은 과거였다. 누구에게나 지우고 싶은 과거는 존재한다. 하지만 그들에게는 공통점이 있다. 그 과거는 지울 수 없다는 공통점.

그래서 나는 똑같은 실수를 반복하려 하지 않는다. '어릴 때부터 가끔 정 떨어지게 말한다는 말을 듣고 고쳤다면 똑같은 실수를 안 했을 텐데.'

라는 생각이 들었다.

누구나 실수를 해서 지우고 싶은 순간이 있기 마련이다. 하지만 아직까지도 그 실수를 똑같이 하면서 후회하지 않았으면 좋겠다. 지우고 싶은 순간이 있다면 그때의 감정을 느끼고 실수하지 않도록 노력해야 한다.

인간은 망각의 동물이기 때문에 실수했던 것을 잊어버리고 반복한다. 그리고 나중에 같은 실수를 하고 깨닫는다. 한 번에 변하기는 쉽지 않다. 실수를 조금씩 줄이면서 기억하고 싶은 과거만 있도록 남기는 건 어떨까?

03

좌절로부터 배운
행복해지는 법

나는 초등학교 때 사회 시험을 한 개 맞아서 5점을 받은 적이 있다. 그 뒤로는 암기 과목을 포기했다. 암기 과목 앞에서 나는 한없이 작아졌다. 학창 시절에는 암기 과목을 거의 모두 포기하곤 했다. 대학교에 가니 암기 과목을 피할 수 없었다. 나는 암기 과목을 잘할 수 있는 방법을 찾아다녔다. 결국 암기 과목은 넘어야 할 산이었다.

그러다가 뇌 과학을 알게 되었다. 과거 뇌 과학에서는 시간이 지남에 따라 뇌는 더는 발전하지 않는다고 했다. 하지만 최근 연구에서는 뇌는 쓰면 쓸수록 좋아진다고 했다. 나는 암기를 할 때 쓰는 뇌 영역을 쓰지 않았다고 생각했다. 그렇게 뇌 과학을 읽으면서 뇌에 관해서 공부했다.

뇌 입장에서 보면 멀티태스킹은 좋지 않았다. 어릴 때 어머니께서 노래를 들으면서 공부하지 말라고 하셨는데 나는 공부가 잘된다면서 반항했다. 하지만 뇌 과학을 읽으면서 생각이 바뀌었다. 물론 노래를 들으면서 공부 잘하는 친구들도 있다. 하지만 평범한 사람들은 멀티태스킹을 하면 효율이 떨어진다.

집중력이 좋은 사람은 주변 소리를 차단하고 공부에 집중할 수 있다. 평범한 사람들은 그렇지 않다. 뇌는 A 작업을 하고 B 작업을 하려고 넘어갈 때 에너지를 소비한다. 뇌의 에너지가 100으로 정해져 있다고 가정해보자. A 작업 시 40을 사용하고 B 작업 시 40을 사용하고, A에서 B로 작업이 넘어갈 때 5의 에너지를 사용한다. 그럼 순차적으로 하면 85의 에너지만 사용하면 끝이 난다. 하지만 A 작업하다가 B 작업하기를 반복하면 계속해서 5의 에너지를 사용해서 결국 나중에는 나의 에너지 100이 초과가 된다. 이때부터는 일의 효율이 급속도로 낮아진다. 그래서 멀티태스킹이 뇌의 입장에서는 독이 된다.

나는 이것을 깨닫고 적용해보았다. 금방 효과가 나타났다. 잘하지 못

하던 암기를 조금씩 해내고 있었다. 하지만 이것으로는 부족했다. 그래서 '더 효율적인 방법은 없을까' 하며 뇌를 더 공부했다.

뇌에는 용량이 있었다. 나는 암기하는 부분을 잘 써보지 않아서 용량이 적었다고 생각한다. 그래서 자주 가득 찬 뇌를 비워줘야 했다. 뇌를 비우기에는 멍때리기와 산책이 좋았다. 나는 암기를 하다가 잘 안 되면 멈추고 멍을 때렸다. 조금 어려운 부분을 했다면 나가서 산책했다. 그렇게 용량을 비우고 다시 공부하니 집중이 잘됐다. 그렇게 뇌의 암기하는 부분을 천천히 키워나갔다. 나중에는 5분씩 끊어서 해야 했던 공부가 30분, 1시간이 되었다.

이렇게 암기 과목을 공부해서 대학교 첫 중간고사를 봤다. 전공 시험을 일곱 과목을 봤다. 그중 한 과목만 A를 맞고 모두 A+을 맞으면서 전공과목 기준 4.42학점을 받았다. 정말 결과로 증명이 되었다. 이때부터 나는 뇌 과학을 좋아했다. 정말 하면 바뀔 수 있었다.

암기의 벽을 넘으니 새롭게 보였다. 내가 암기를 못한다고 생각했는데, 조금씩 변화하고 있었다. 왜 조금 더 일찍 알지 못했을까 하는 아쉬움도 있었다. 심지어 재수할 때 어머니께서 뇌 공부법을 알려주는 학원에 보내준다고 하셨던 적이 있다. 그때는 왜 어머니 말을 믿지 못했을까 하는 아쉬움이 있었다.

나는 암기의 좌절을 극복하다 보니 너무 신이 나서 친구들에게 알려줬다. 친구들은 모두 믿지 않았다. "운이 좋았을 뿐이다." 하면서. 하지만 나는 결과로 보았기 때문에 계속해서 노력했다. 나는 대학교에 다니면서 세 번의 성적 장학금을 받을 수 있었다.

본인이 못하는 분야를 꼭 넘어봤으면 좋겠다. 자신의 한계를 뛰어넘었을 때 우리는 크게 성장한다. 스스로 암기 과목의 한계를 긋고 있었는데, 그 한계를 넘으니 새로운 세상이 보였다. 자신감도 붙었다. 한계를 넘으면 성장뿐만 아니라 자신감이 생긴다. 그 자신감은 다음 단계에도 영향을 미친다. 할 수 없었던 일들을 할 수 있게 된다.

이런 말이 있다. "적당히 원하면 핑계가 생기고 간절히 원하면 방법이 생긴다." 학창 시절에는 암기 과목을 적당히 원했다. '나는 4등급 맞으면 중간은 하니까, 남들만큼은 하는 거네.'라면서 핑계가 생겼다. 하지만 늦게 들어간 대학만큼은 좋은 성적으로 졸업하고 싶은 욕심이 생겼다. 좋은 성적을 간절히 원했다. 암기라는 벽을 넘어야 했다. 그러다 보니 방법이 생겼다.

나는 블로그를 운영하면서 첫 책을 홍보하기 위해 서평단을 모집했다. 서평단 모집도 처음이니까 적당히 하려 했다. 서평단 인원을 20명을 모집하는데 5명도 모집되지 않았다. 게시글이 초라하고 부끄러웠다. '나는 20명은 꼭 채우자.'라는 간절함이 생겼다. 그러다 보니 방법이 보여서 실천했다. 그렇게 나는 서평단 인원을 50명 이상 모으면서 성공적으로 마칠 수 있었다.

블로그를 운영하면서 큰 좌절이 있었다. 처음 블로그를 운영해보는 나는 '좋은 글을 쓰면 사람들이 와서 보겠지.'라는 생각이 컸다. 하지만 글이 30개, 50개가 넘어가도 이웃 수는 늘지 않고, 공감과 댓글조차 달리지 않았다. 그렇게 블로그를 포기하고 싶었다.

블로그는 하나의 작은 회사와 같다고 생각했다. 그래서 꼭 작은 회사 하나 성공해보고 싶었다. 블로그를 키우기 위해서 열심히 공부했다. 공부한 내용을 하나씩 적용해봤다. 처음에 공감과 댓글이 없던 글에 조금씩 변화가 생겼다. 공감이 30, 50 올라가기 시작했다.

나의 글을 누군가 보고 있다는 생각에 욕심이 생겼다. 남들이 원하는 글을 써보자는 생각과 함께 도움이 되는 글을 적기 시작했다. 그렇게 공감이 300, 400이 되니 블로그 운영이 재밌어졌다. 이제는 공감이 400개씩 나오고 댓글도 30개씩 달린다.

내가 어떤 걸 할 때 반응이 있으면 계속할 힘이 생긴다. 하지만 반응이 없으면 금방 재미가 식는다. 보통 블로그를 처음 시작하는 분들은 꿈을 갖고 시작한다. "블로그 하면 돈 쉽게 번대! 주변 사람들은 블로그로 N잡 시작하는 사람들 많아! 너도 한번 해봐!" 이런 이야기를 들으면서 시작한다.

하지만 그만큼 반응이 없고, 돈도 벌리지 않자 금방 포기한다. 나도 블로그 이웃이 600명이었을 때는 반응이 없어서 재미없었다. 포기하고 싶었다. 하지만 블로그로 성공한 사람들도 겪는 현상이었다. 포기하지 않고 블로그를 공부하고 적용하니 지금은 이웃이 4,000명이 넘었다. 점점 블로그가 커지는 게 느껴졌다.

이제는 주변 사람들에게 블로그 키우는 방법을 알려줄 수 있다. 블로그가 재미없어질 때쯤 만난 선생님 덕분에 블로그를 재밌게 할 수 있었다. 나도 누군가에게 선생님이 되고 싶어졌다. 적어도 블로그를 꾸준히 할 수 있는 재미를 만들어주고 싶어졌다.

나는 암기 과목과 블로그라는 좌절을 극복하면서 성장했다. 그리고 결과적으론 행복한 일들을 맞이했다. 좋은 성적으로 대학을 졸업할 수 있었고, 지금은 블로그에 글을 쓰는 재미가 생겼다.

어떤 일을 하다가 좌절의 순간이 온다. 그 좌절의 순간을 이겨내면 한 번 넘어진 건 별거 아니라는 생각이 든다. 많은 운동선수도 좌절을 넘어서며 최고의 자리에 올라섰다. 우리도 그들과 같은 사람이다. 결국 좌절의 순간이 오면 포기하지 말자. 언제까지 '운이 안 좋았어. 상황만 좋았더라면…' 하면서 핑계만 늘어놓을 순 없지 않은가.

간절하면 무조건 방법이 생기고 방향이 보인다. 나는 여러분이 좌절을 극복하고 성장한 모습을 보며 행복했으면 좋겠다.

생각보다
가까이 있는 행복

사람들은 행복이 생각보다 멀리 있다고 생각한다. 그래서 행복에 조건이 붙는다. 만약 '내가 부자가 되면 행복할 텐데……', '내가 예쁘거나 잘생기면 행복할 텐데……'라면서.

나는 행복이 멀리 있다고 생각하지 않는다. 나는 행복할 거리를 주변에서 찾는다. 오늘 맛있는 음식을 먹거나, 재미있는 영상을 보거나, 친구와 전화를 했을 때도 나는 행복했다. 너무 멀리 있는 것에 행복을 찾으면 행복이 멀어 보인다.

나는 어느 날 친구에게 물었다. "너는 언제가 가장 행복해?" 친구는 대답했다. "퇴근길에 배달의 민족을 켜서 저녁을 시킬 때."라고. 나는 놀랐다. 대부분 행복했을 때를 물으면 거창한 대답이 나올 줄 알았다. 그래서 나도 물어본 것이었다. 하지만 친구의 소소한 대답에 나는 또 깨달았다. '내가 행복을 멀리서 찾고 있었구나. 생각해보면 행복은 진짜 가까이에 있는데….'

나는 곰곰이 생각해봤다. '나의 행복은 어디에 있을까?' 나는 사람들과 어울려 있을 때 행복했다. 그래서 대학교를 처음 들어갈 때 번개로 같은 대학교 친구들을 만났다. 그렇게 첫 수업 날부터 어색하지 않게 지낼 수 있었다.

늦은 나이에 입학한 대학교에서 나는 공부도 잘하고 싶었다. 그래서 수업이 끝나고 집에 가면 조금씩 공부했다. 다음 날 친구들에게 알려주다 보니 친구들이 모였다. 나를 포함한 8명의 친구와 대학 생활이 시작되었다.

원래 주변에 친구들을 두는 걸 좋아하는 성격이라 모여 다니는 대학 생활은 너무 재밌었다. 동아리도 같이하고, 수업도 같이 듣고, 추억도 함께했다. 우리는 벚꽃이 피자마자 놀며 사진을 찍느라 바빴다. 그리고 이때 깨달았다. 대학교에서 벚꽃의 꽃말은 '중간고사'였다는 것을. 벚꽃 시즌이 되자마자 중간고사도 시작되었다.

중간고사는 생각보다 즐거웠다. 중학생 때도 고등학생 때도 시험 기간은 빨리 끝나서 좋았는데 대학교에 와서도 마찬가지였다. 3시간 전공 수업이 1시간만 시험을 보면 끝났다. 마치 단축 수업을 한 것처럼 우리는 공부는 뒷전이었다.

그렇게 1년을 친구들과 함께 지내다가 남자 동기들이 군대에 가게 되었다. 나만 늦게 입학해서 나 빼고 대부분 흩어졌다. 주변에 사람이 없어지자 나는 또 사람을 찾아다녔다. 그렇게 동아리도 하고 학회장, 총학생회도 하게 되었다.

생각해보면 대학교 때는 행복에 대해 고민하지 않았던 것 같다. 학교만 가면 행복한 일들이 투성이었다. 친구들과 함께할 수 있으니까. 중, 고등학생 때보다 자유로워서 더 행복했던 것 같다. 아마 대학교 때 주변에 친구들이 없었다면 나도 행복을 멀리서 찾았을 것 같다. 하지만 나는 내가 행복한 방법을 알고 있었기에 주변에 사람을 두려고 했다.

곁에 많은 사람이 필요하진 않았다. 군대도 고등학생 때도 난 진짜 친한 친구 한 명이 필요했다. 고등학교 1학년 때는 반에 마음이 맞는 친구가 없었다. 2학년이 되고 나서 진짜 친한 친구를 만들었다. 친구는 공부를 엄청나게 잘했다. 우리 둘은 맨 앞자리 고정석이었다.

친구 따라 강남 간다고 했지만 나는 친구 옆에서 공부해도 잘하는 편은 아니었다. 그래도 친구 옆에서 집중력을 키울 수 있었다. 친구는 집중력이 진짜 좋은 편이었다. 야간 자율 학습(이하 야자) 시간에 매일 노래를 같이 들었는데, 친구는 가사를 하나도 몰랐다. 나중에 이 노래에 이런 가사가 있었냐는 말에 진짜 충격적이었다.

공부는 집중력이 전부라는 걸 깨달았다. 학교가 끝나면 나랑 피시방 가기 바빴던 친구였는데, 야자 시간과 수업 시간에 모든 걸 끝내는 친구였다.

사람들은 행복했던 기억보다는 불행하고 힘들었던 기억을 오래 간직한다. 이건 선사 시대부터 유전자에 각인된 생존 본능이라고 생각한다. 그 시대에는 위험한 상황이나 힘든 상황을 기억하고 있어야 했다. 그래야 갑자기 그런 상황이 닥칠 때 바로 피할 수 있기 때문이다.

하지만 요즘에도 이런 생존 본능이 가끔은 우리를 우울하게 한다. 실제 행복했던 기억은 빨리 사라진다. 나는 그래서 행복했던 기억을 기록해놓는 것을 추천한다. 우리는 매일 감사일기를 적듯이 행복 일기도 적어봤으면 좋겠다.

나는 매일 해야 할 일을 체크하는 To Do list를 적는다. 그리고 저녁에 지워나가면서 마지막으로 메모한다. 오늘 감사했던 일과 함께 짧게 행복했던 일도 적는다. 그렇게 적은 걸 보면서 '나는 이럴 때 행복을 느끼는구나.'라고 새삼 깨닫는다. 다음에 조금 힘든 일이 오면 전에 적었던 메모들을 보면서 행복했던 기억을 되찾는다.

주변 친구들한테도 말했을 때 친구들은 적기 힘들다고 했다. 이유를 물어보니 거창하게 적으려고 했다. 행복 일기나 감사일기나 모두 거창하게 적을 필요는 없는 것 같다. 나도 행복 일기는 메모하듯이 간단하게 적는다. '오늘 일이 잘 풀려서 행복했음, 오늘 좋아하는 제육볶음이 나와서 행복했음.' 사실 행복 일기와 감사일기는 비슷하다고 생각한다.

행복과 감사는 함께 오는 것 같다. 일기를 적으면서 느끼는 점은 행복한 일들이 모두 감사한 일들이라고 느껴진다. 그래서 친구들한테도 거창하게 적을 필요는 없고, 간단하게 한두 줄로만 적어도 괜찮다고 알려주었다. 기록이 쌓여나 나중에 돌아보면 난 이렇게 행복한 사람이었다는 것을 알 수 있다.

나는 친구와 여행 가는 것도 좋아한다. 보통 여행을 멀리만 가려고 하는데 친구와는 가까운 드라이브를 해도 행복함을 느낀다. 어느 날 친구들끼리 있는 카톡방에서 한 친구가 오늘 드라이브 갈 사람을 찾았다. 한참을 지나도 아무도 대답하지 않았다. 나는 그래서 저녁에 친구에게 전화했다.

"오늘 드라이브 안 가?"라고 물어봤다. 친구는 "아무도 대답이 없길래 집에서 쉬려고."라고 이야기했다. 나는 "나와 드라이브 가자!"라고 하면서 친구를 불러냈다. 그렇게 갑자기 목적지도 없이 우리는 만났다. 친구와 여행을 가려고 한 건 아니지만 만나서 가까운 월미도를 가기로 했다.

우리는 무작정 친구 차를 타고 월미도로 향했다. 밝을 때만 와봤던 월미도는 해가 지니 또 다른 풍경이었다. 월미도에서 사람도 구경하고 바다도 구경했다. 저녁에 와서 그런지 또 분위기가 좋았다. 파도소리를 들으며 친한 친구랑 이야기도 하니 행복했다.

생각보다 행복은 멀리 있지 않다는 것을 또 느꼈다. 갑자기 연락해서 떠난 드라이브에서 우리는 행복한 시간을 가졌다. 바다를 보면서 각자의 시간도 갖고, 커피숍에 가서 오랜만에 근황 이야기도 하면서 행복한 시간을 가졌다.

나는 돌아오는 길에는 조수석에서 뻗었다. 처음에는 운전이 미숙하던 친구가 베스트 드라이버가 돼서 왔다. 너무 편했는지 잠들어버렸다. 친구와 짧은 만남이 너무나 행복했던 기억이었다.

생각보다 행복은 가까이에 있다. 본인이 어떨 때 행복한지 알면 행복을 찾긴 쉽다. 나는 항상 곁에 소중한 사람이 있을 때 행복하다. 이성이나 동성이나 상관없이 편하게 마음을 터놓을 수 있는 친구가 필요하다.

내 친구는 퇴근하고 집 가는 길에 행복을 찾는다. 이렇게 쉽게 주변에서 행복을 찾을 수 있다. 생각해보면 행복에는 조건이 달리지 않는다. 너무 먼 곳에서 행복을 찾으려고 하다 보니 조건이 달리게 된다.

내가 어떤 것을 했을 때 행복한지 찾아보면 좋다. 그것만 하면 행복을 찾을 수 있다니. 얼마나 쉬운 일일까! 사람들은 생각보다 행복했던 기억을 쉽게 까먹는다. 그래서 나는 꼭 행복 일기를 적어봤으면 좋겠다. 위에서 말한 것처럼 행복 일기는 거창하지 않기 때문이다. 오늘 하루 짧게 행복했던 기억을 적으면서 하루를 마무리했으면 좋겠다. 적다 보면 우리에게 행복은 가까이에 있다는 것을 알게 된다.

지금의 조건에서 행복해지는 법

사람들의 부족한 부분을
채워주자

누구나 완벽한 사람은 없다고 생각한다. 완벽해 보이는 사람을 만나도 어느 순간 '어? 이런 부분이 있네.'라면서 깨닫는 순간이 있다. 완벽해 보이는 사람이 한 실수는 귀여워 보인다. 그래서 그런 부분은 내가 직접 나서서 채워주고 싶은 느낌이 든다.

반대로 모든 부분을 채워달라고 하는 사람이 있다. 처음에 잘 몰라서 한두 개 도와주던 일이 모두 나의 일이 되는 것이다. 나중엔 알게 되더라도 나에게 맡긴다. 그렇게 몇 번을 반복하다 보면 이런 스타일은 처음부터 도와주지 않게 된다.

사람은 언제나 'Give and Take'라고 생각한다. 주는 만큼 받는 것이다. 속담도 "가는 말이 고와야 오는 말이 곱다."라고 했다. 내가 먼저 베풀었는데 돌아오지 않고 받기만 한다면, 어느 순간 베풀고 싶지 않게 된다.

나는 항상 주변에 사람이 있기를 원한다. 그래서 대학교 1학년 때는 공부를 해 친구들에게 알려주며 주변에 사람을 모았다. 친구들이 모두 군대 간 이후로는 주변에 사람을 모을 수 없었다. 전문대 2학년은 완전히 다른 세상이었다.

전문대 특성상 반도 정해지고 시간표도 정해져서 나온다. 2학년 때는 군대를 전역한 친구들이 새롭게 반에 들어온다. 나는 성격상 처음 보는 사람들과 친해지긴 어렵다. 먼저 다가가진 못하는데, 나에게 다가오면 누구보다 잘 받아준다.

2학년 때는 새로운 사람들과 지내고 모르는 사람들만 있다 보니, 주변에 친구를 모을 수 없었다. 그래서 나는 새롭게 튜터링을 신청했다. 생각보다 1학년 때 성적이 좋게 나와서 1학년 학생들을 대상으로 공부를 알려줄 수 있었다.

내가 공부를 알려줄 학생들을 모집하지 않아도 학교에서 모집해줘서 너무나 편했다. 나는 학생들 명단만 받아서 친구들을 모았다. 모아서 앞으로의 모임 방향을 이야기해주고 수업 시간에 배운 내용들을 알려주기로 했다.

자연스럽게 후배들과 친해질 수 있는 시간이 마련되었다. 주변에 사람이 생기기 시작했다. 나는 튜터링 시간이 너무 기다려졌다. 물론 후배들은 아닐 수도 있다. 공부가 너무 싫은데, 튜터링 시간은 또 공부 시간이기 때문이다. 수업 시간에 배웠는데 모르는 부분이나 수업 과제들을 알려주었다. 그리고 시험 기간 직전에는 작년에 나온 시험문제를 짚어주었다. 전문대학교에서는 대부분 작년 시험문제와 유사하게 나오는 느낌이었다. 시험을 보고 나온 후배들은 "알려주신 부분에서 거의 다 나왔어요. 너무 감사합니다."라고 했으니.

나는 전공 동아리도 하고 있었다. 로봇공학과로 진학한 나는 1학년 때 또 새로운 사람들을 만나고 싶다는 생각에 무작정 전공 동아리를 찾아갔다. 심지어 전공 동아리는 2학년부터 들어갈 수 있는데 신입생이 찾아오니 당황한 눈치였다. 1학년은 기초적인 것을 배우기 때문에 전공 동아리에서 할 수 있는 게 없기 때문이다. 찾아온 신입생을 돌려보낼 수도 없고 해서 나는 전공 동아리에 들어갈 수 있었다.

학기 초가 되면 전공 동아리에서 팀원을 모집한다. 나는 후배들과 튜터링을 통해 아주 친해졌다. 그러다 보니 우리 전공 동아리에는 역대급 지원자가 몰렸다. 전공 동아리 특성상 공부를 위해 모인 사람들이어야 했다. 그래서 우리는 교수님과 상의 후 스무 명의 학생을 모두 받았다. 받고 나서 과제를 내주기로 했다.

과제를 내주었더니 1학기가 끝나기 전에 뽑힐 인원이 보였다. 군대 갈 친구들은 일찍 포기했다. 나도 1학년인데 과제를 받았으면 하기 싫었을 것 같지만 우리는 공부할 친구들이 필요해서 방법이 없었다. 스무 명을 모두 받아서 도와줄 만큼 동아리방 공간이 크지도 않았다.

그렇게 여덟 명만 합격했다. 동아리는 보통 네 명이 한 팀으로 이루어지는데, 그렇게 우리는 두 팀을 만들었다. 튜터링으로 도와주는 학생들을 모두 받을 순 없었지만, 후배들이 모르는 부분을 먼저 채워주다 보니 자연스럽게 사람이 모이는 것을 경험했다.

요즘 세상에도 사람을 모으는 방법은 단 하나라고 말한다. 먼저 베풀어라. 진짜 부자들은 다르게 말한다. 베풀어라, 베풀어라, 베풀어라. 먼저 세 번이나 베풀라고 한다. 받기만 하는 사람들은 눈에 보인다. 그래서 주변에 사람이 모이지 않는다. 먼저 베풀지 않으면 나를 좋아해주는 사람을 모으기 힘든 현실이다.

　　지금의 조건에서 행복해지는 법

가장 사람들을 집중시킬 수 있는 단어도 '무료'이다. 무료로 무언가를 나눠주면 안 받으면 손해라는 느낌까지 든다. 나에게 지금 당장 필요하지 않은 물건이나 서비스도 일단 받고 본다. 요즘엔 무료로 나눠주는 상품이나 서비스의 퀄리티도 엄청나게 좋다. 실제로 금액을 받고 팔아도 되는 수준이다. 그런 걸 무료로 나눠주며 나의 팬들을 모은다.

하지만 무료로 받는 사람들은 그 가치를 모른다. 대부분 받은 상품이나 서비스를 이용하지도 않고 쌓아만 둔다. 당장 나에게 필요하지 않았던 것들이지만 무료라고 해서 받아본 결과이다. 하지만 무료로 팬을 모은다면 나중에는 정말 나의 가치를 아는 사람들이 모이기 때문에 서로 상호이익의 결과를 가져온다.

사람을 모을 수 있는 손쉬운 방법은 'Giver'가 되는 것이라고 한다. 무조건 베풀라고 한다. 나는 대학교 졸업 학년이 되자 자격증이 필요하다는 것을 깨달았다. 무작정 친했던 교수님을 찾아갔다. 교수님께 자격증 공부를 하고 싶다고 하면서 도와달라고 부탁했다. 교수님께서는 흔쾌히 들어주시면서 너와 같은 고민하는 친구들이 있을 거라고 하셨다. 그렇게 나는 친구들을 모아서 스터디를 했다.

스터디를 하면서 서로의 지식을 나누니 자연스럽게 또 사람이 모였다.

자격증은 필기와 실기 두 번의 시험으로 합격이 결정되었다. 나를 제외한 인원들은 대부분 실기를 한두 번 해 본 경험이 있었다. 나는 빨리 필기를 따고 그들에게 도움이 되고 싶었다. 필기를 따고 같이 실기를 준비하면서 일주일마다 모르는 부분을 공유했다. 답이 나오지 않는 부분은 같이 교수님께 가서 첨삭을 받았다.

나를 제외한 스터디원 모두가 자격증에 합격했다. 나는 연습이 부족해서 결국 3점 차이로 실기에서 떨어졌다. 교수님께서는 이렇게 자격증 동아리를 만들면 좋을 것 같다고 하셨다. 나는 그래서 친했던 후배들에게 취업 준비 자격증반이 있다고 알려주면서 사람들을 모았다. 후배들에게 또 공부를 알려주다 보니 자연스럽게 동아리를 만들 수 있었다.

정말 Giver가 되니 사람이 모이는 경험을 할 수 있었다. 사람들은 누구나 완벽해지려고 하지만 부족한 부분이 있기 마련이다. 그 부분을 채워주려고 하다 보면 자연스럽게 주변에 좋은 사람이 모였다.

모인 사람들은 성향도 비슷했다. 모두 서로에게 '어떻게 하면 더 알려줄 수 있을까?'라는 생각만 했다. 그러다 보니 좋은 영향만 미쳤다. 후배들을 가르쳐 동아리로 온 학생들은 여러 대회에 나가서 상도 받았다. 자격증반을 만들어서 자격증을 딸 수 있도록 도와주니 자격증을 따고 실제로 취업이 되는 경험까지 시켜주었다.

좋은 영향력을 미치려고 하니 주변에 항상 사람들이 많았다. 나에게 행복한 일은 주변에 사람이 모이는 일밖에 없는데 자연스럽게 행복이 따라왔다. 사람들의 부족한 부분을 채워주려고 공부하고 노력하다 보니 행복은 자연스러운 것이었다.

나는 어딜 가서나 도움을 줄 것이 무엇인지 고민한다. 옆에 사람이 부족한 부분이 있으면 내가 배운 범위에서 최대한 도와준다. 나는 자기 계발에 욕심도 많아서 회사가 끝나면 여러 가지 공부를 한다. 공부하면서 느끼는 점은 나의 주변에 부족한 부분을 많이 채워줄 수 있다는 점이다. 그래서 주변에 사람이 모이니 나의 행복이 더해졌다. 행복해지고 싶은가? 먼저 베풀어라. 자연스럽게 좋은 사람들이 모여 당신은 행복해질 것이다.

행복,
최대의 고민입니다

노홍철은 대학 축제를 많이 다닌다. 10년 동안 대학 축제에서 질문을 받으면 빠지지 않고 등장하는 질문이 있었다.

"나는 뭘 하고 싶은지 잘 모르겠어요."

정말 많은 대학 축제를 다니면서 모두 다 똑같은 고민을 한다는 것을 느꼈다고 한다. 대학생들의 고민. 학창 시절에는 하라는 대로 시켜서 공부하고 대학교에 왔다. 그런데 정작 대학교에 와보니 내가 뭘 하고 싶은지 모르겠다. 남들이 좋다는 학과, 남들이 좋다는 대학교에 진학하고 보니 삶에는 내가 없었다.

노홍철의 대답은 "하고 싶은 거 다 해보세요."라고 했다. 들으면 너무 간단하고 어이없을 수도 있다. 하지만 노홍철은 자신의 이야기를 해줬다.

"저도 대학교 졸업 전에 제가 뭘 잘하고 좋아하는지 몰랐어요. 친한 친구들한테 물어봤더니 말을 잘하는 것 같다고 해줬어요. 그래서 학교 축제하는 데 올라가서 말을 했어요. 물론 처음에는 못했어요. 잘한 적 세 번, 못한 적 일곱 번. 하지만 이게 점점 바뀌더라고요. 잘한 적 일곱 번, 못한 적 세 번. 그렇게 무대에 오를수록 재미있는 거예요. 그래서 지금까지 저는 무대에 오르고 있어요. 저희 형은 공부를 되게 잘했어요. 형은 외국 대학에서 박사도 하고 행복하게 지내요. 하지만 저는 무대에 올라서 놀고 가는 게 행복해요."

본인이 무엇을 좋아하는지 모르면 이것저것 해보면서 찾아야 한다. 답은 멀리 있지 않다. 직접 행동해야 한다. 나는 여러 음식을 먹어보면서 맛있는 음식을 알게 되었다. 이 음식 저 음식 먹어보면서 내가 좋아하고 싫어하는 음식을 깨닫게 된다.

내가 좋아하는 일도, 내가 행복한 것도 똑같다. 아무것도 해보지 않으면 정작 내가 좋아하는 일이 무엇인지 모른다. 축구도 해보고 농구도 해보면서 내가 재밌어하는 운동이 뭔지 알게 되는 것처럼.

20대에는 경험이 중요하다고 생각한다. 본인이 좋아하는 걸 찾기 위해 여러 가지 아르바이트(이하 알바)도 해봤으면 좋겠다. 나는 그저 몸이 편한 알바만 했었다. 카페 알바도 해보고 싶고, 서빙 알바도 해보고 싶었다. 하지만 단지 몸이 편하다는 이유로 한 가지 알바만 계속했다.

취직하고 주변 친구들을 보니 알바를 많이 한 친구가 경험이 많았다. 그리고 본인이 좋아하는 일을 깨닫고 직장도 그런 쪽으로 자리를 잡았다. 나는 경험이 없으니 직장은 다 그런가 보다 하면서 다녔다. 나에게 맞는 일이 뭔지도 모른 채.

유튜브 '자청' 영상에서도 나온다. 고려대학교 다니는 학생도 비슷한 질문을 했다. "진로가 고민이에요." 고려대학교에 다니면 진짜 대단한 사람들인데 같은 고민을 하고 있었다. "고려대에 가면 다 잘될 줄 알고 그랬는데, 나 이제 앞으로 뭘 해야 할지 모르겠다."

결국 모든 대학교 학생들은 같은 고민을 한다. 하지만 다른 점은 하나 있다. 대학교에 다니면서 이것저것 시도해보는 사람과 고민을 하면서 피시방에 들어가는 사람. 둘은 확실히 다른 운명을 살 것이다. 물론 게임에 재능을 발견해서 유명한 사람들이 될 수 있다. 하지만 그들은 벌써 고등학교 때 깨달은 사람이 많았다.

　나도 처음에는 내가 무엇을 잘하고 좋아하는지 몰라서 행복하지 않았다. 막연하게 친구들과 놀면 행복한 것 같았다. 하지만 친구들과 헤어지면 나의 행복은 끝이 났다. 의미 없이 유튜브를 보고 게임을 하면서 인생을 즐겼다. 게임을 하면 행복한 줄 알았다. 하지만 게임을 끌 땐 스트레스만 있었다. 즐기려고 한 게임인데 지고 나면 화가 났다. 게임을 정작 즐기지 못했다.
　그래서 나는 내가 좋아하는 걸 찾기 시작했다. 회사를 퇴근하고 책을 읽고 내가 진짜 좋아하는 게 뭔지 여러 가지 해보기 시작했다. 예전에 내가 하면 행복했던 일들을 적어보기도 했다. 그렇게 나는 내가 무엇을 하면 행복한지 조금씩 찾아갔다.

　사람들과 있으면 행복한 나. 다른 사람들의 고민을 들어주고 같이 해결해주고 공감해주면 행복한 나. 모르는 분야를 공부하고 배우는 걸 좋아하는 나.
　내가 너무 좋아하는 일들을 찾다 보니 깨달았다. '나는 공부해서 남들을 가르쳐주는 걸 좋아하는구나.' 그렇게 퇴근하고 나는 공부를 시작했다. 여기서 공부는 자격증 공부나 영어 공부가 아니었다. 요즘은 N잡 시대가 되었다. 그렇게 N잡을 위한 공부를 했다.

퇴근하고 나면 글을 썼고, 자기 계발 강의를 끊고 수강했다. 유튜브 시작하는 법, 스마트 스토어 상세 페이지 만드는 법, 팔리는 글을 쓰는 방법 등등. 내가 배운 범위에서 친구들이 궁금해하는 모든 것을 알려주었다. 알려주다 보니 사람들을 만날 수 있었고, 나는 행복해질 수 있었다.

행복해지는 법을 알고 나니 더 공부하고 싶어졌다. 퇴근하면 공부하고 주말에도 시간이 나면 독서하고 공부한다. 누군가는 이런 삶이 재미없는 삶일 수도 있다. 그래서 각자마다 행복한 일이 다른 것이다. 누군가는 게임이 재밌고, 친구들 사이에서 게임을 잘해서 게임을 알려주며 행복을 느낄 수도 있다.

여기에서 중요한 점은 본인이 무엇을 할 때 행복한지 깨닫는 것이다. 나의 부모님 세대는 자식을 키우느라 본인의 행복을 포기하신 분들이 많았다. 부모님들은 자식을 키우면서 자식이 좋아하는 것은 다 아시는데, 정작 본인이 좋아하시는 것은 잘 모른다.

인터넷이 발달돼서 어머님은 밴드나 카카오톡으로 초등학교 때 친했던 친구들을 만나게 되었다. 친구들을 만나서 옛날이야기도 하고 요즘 이야기도 하면서 행복을 느끼셨다. 거리두기가 풀리고 어느 날 부부 동반 모임에 자식들도 초대되었다. 어머님 친구는 총 네 분이셨다. 그렇게 여덟 명의 사람이 모이고 네 명의 자식이 모였다. 거기에서 나는 가만히 이야기도 듣고 공감해주며 보내고 있었다. 여덟 분의 부모님을 보니 너무 행복해 보이셨다. 부모님 두 분 모두 고향이 강원도 도계이다 보니, 도계 친구분들이셨다. 거기서 결혼한 사람도 계셨다. 어릴 때부터 추억을 함께한 두 분이 결혼까지 하니 더 행복해 보이셨다.

행복에는 많은 조건이 붙지 않았다. 그렇게 모여서 수다 떨고 저녁을 같이 먹고 맥주 한잔하는 게 정말 큰 행복이었다. 새벽까지 이어진 술자리지만 끝나고 집에 가는 순간까지 행복이 이어졌다.

나이에 상관없이 본인이 행복한 일을 찾는 건 인생을 살면서 큰 숙제이다. 본인이 어떤 것을 할 때 행복한지 찾는 사람은 정말 큰 행운이다. 어떠한 상황이 와도 본인이 행복한 일을 하며 이겨낼 수 있기 때문이다.

그렇다고 너무 조급해할 필요는 없다. 인생은 긴 마라톤과 같다. 그 마라톤 속에서 내가 행복한 일을 찾기만 하면 된다. 시간이 오래 걸릴 수 있다. 정말 중요한 건 직접 해봐야 한다는 것이다. 시간만 보내고 어떠한 것도 해보지 않으면 아무 일도 일어나지 않는다.

내가 좋아할 만한 것을 이것저것 해보면서 행복한 일을 찾았으면 좋겠다. 아니면 내가 무엇을 하면 행복했는지 고민해보는 것도 방법이다. 나는 그런 고민을 통해 내가 좋아하는 일들을 찾을 수 있었다.

좋아하는 일이 본업이 되지 못할 수도 있다. 하지만 요즘은 N잡 시대이다. 나의 '부캐'를 여러 개 키우면 된다. 퇴근하고 나서 내가 좋아하는 일들을 할 때 행복을 느끼면 된다. 나도 진짜 행복한 일은 출근 전과 퇴근 후에 즐기면서 하고 있다. 행복을 너무 많이 고민하지 말고 일단 시작해봤으면 좋겠다. 거기서 진짜 내가 좋아하는 일을 찾았으면 좋겠다.

07

행복은 타인과의
조화로운 협력에 있다

조별 과제의 두려움을 처음 알게 된 건 대학교였다. 고등학교 수행평가에서는 조별 과제가 거의 없었다. 대학교에 입학 후 2학기부터는 조별 과제의 연속이었다. 처음에는 잘 참여하던 사람들이 하나둘씩 안 보이기 시작하고, 발표하는 날에는 갑자기 아픈 사람들이 생겼다. 과제를 하면서 자료라도 보내주면 다행인 상황도 많았다. 울며 겨자 먹기로 조별 과제를 혼자 해내는 학생들도 많았다.

나는 로봇공학과를 졸업했다. 과 특성상 로봇을 만들 일이 많았다. 그래서 더욱 조별 과제가 많았다. 첫 조별 과제는 네발로 달리는 로봇을 만드는 것이었다. 복학생 형이 포함된 조는 항상 PPT가 엄청나게 화려했다. 실제로 로봇도 잘 만들어서 좋은 성적을 받았다.

나는 궁금했다. 어떻게 조원을 잘 이끌어서 그렇게 좋은 결과를 낼 수 있었는지. 형에게 물었는데 의외의 대답이 돌아왔다. "그냥 나 혼자 하면 돼."라고 답했다. 다른 사람들에게 의지하지 않고 기대하지 않았다. 형은 그냥 혼자 묵묵히 모든 일을 했다고 했다. 대단한 형이었다.

그 형과 친해지고 싶어서 나는 동아리에 초대했다. 그렇게 형과 나의 전공 동아리가 시작되었다. 전공 동아리는 총 일곱 명의 인원으로 시작되었다. 다른 전공 동아리의 팀은 네 명이 한 팀인데 우리는 한 팀으로 시작하기에는 많은 인원이었다. 다른 팀들에 비해 두 개의 프로젝트를 진행해야 했다.

첫 프로젝트는 자동차를 만들었다. 두 개의 소형 자동차를 만들어서 카메라를 달고 있는 뒤 차가 앞 차를 따라가는 프로젝트를 진행했다. 형이 프로그램을 맡으면서 이번에도 한 명의 친구와 둘이서 모든 일을 다 했다. 인원이 많다 보니 누가 안 해도 티가 별로 나지 않았다. 하는 사람만 열심히 할 뿐이었다.

그렇게 두 번째 프로젝트가 시작되고 형이 바빠서 많은 시간을 쏟지 못하게 되었다. 우리끼리 열심히 만들었지만, 생각보다 큰 로봇이 제작되었다. 전공 동아리를 처음 시작할 때 꼭 상을 타야겠다는 마음으로 시작했다. 하지만 지금 만든 큰 로봇으로는 상은 힘들어 보였다. 대회에 나가기 전날에 형이 도와주러 왔다. 형과 함께 고민하고 형은 로봇의 크기를 대폭 줄였다.

그렇게 우리는 '얼굴에 딱 맞는 마스크팩 만들기'라는 주제의 로봇으로 대회에 나갔다. 사람의 얼굴을 사진 찍으면 얼굴에 딱 맞는 마스크팩을 자르는 로봇을 만들었다. 작아진 로봇 덕분에 더 정확하게 마스크팩을 잘라낼 수 있었다. 그렇게 우리는 대회에서 금상을 탈 수 있었다. 전공 동아리를 시작한 목표를 달성했을 때 엄청나게 뿌듯했다.

혼자서는 될 수 없을 것 같은 일들이 같이하면 해결되는 경우가 많다. 조별 과제를 하면서 느낀 점은 물론 안 하는 사람들이 많아서 힘들 때가 많지만, 같이해서 나오는 결과는 엄청나게 좋았다는 점이다. 그리고 처음 성공했을 때의 그 행복은 말로 표현이 안 된다.

우리는 처음 마스크팩을 잘랐을 때 엄청나게 신나서 뛰어다녔다. 나중에 정확하게 마스크팩을 잘랐을 때보다 처음 마스크팩을 자르는 것을 봤을 때 기분이 더 좋았다. 처음으로 우리가 같이 일을 해결했다는 기쁨이 컸다.

빨리 가려면 혼자 가고, 멀리 가려면 같이 가라는 말이 있다. 전공 동아리는 2년의 긴 여정이었다. 그래서 같이 가야만 했다. 우리는 끝까지 같이 가며 좋은 성적과 두 번의 수상을 더 할 수 있었다. 좋은 결과와 행복은 협력에 있었다.

같이 가니까 멀리 그리고 끝까지 갈 수 있었다. 조별 과제에서 각자 하려고 했던 사람들은 결국 한 번의 프로젝트가 끝나면 다른 조를 찾아 헤맸다. 그렇게 흩어진 사람끼리 모이니 다시 조별 과제는 혼자만의 프로젝트가 되었다. 서로 같이 가려는 마음이 없다 보니까 멀리 가지도 못하고, 결국 결과물도 만들어내지 못하는 경우가 많았다.

나의 주변 평균 다섯 명이 나의 수준이라고 하는 말을 봤다. 그래서 주변의 사람들을 잘 둬야 한다는 생각이 들었다. 주변에 긍정적인 사람들만 채운다면 나까지 긍정적인 사람이 되기 쉬웠고 반대로 부정적인 사람도 되기 쉬웠다.

나는 그래서 뛰어난 사람들과 함께 지식을 나누고 싶어서 창업 캠프에 참여했다. 어느 모임에서건 그 모임에서 가장 가난한 사람이 제일 많이 얻어간다는 말이 있다. 나는 그 모임에서 제일 어렸고, 가진 무기가 제일 적었다. 그래서 나는 생각했다. '여기서 가장 많이 배울 사람은 나구나. 열심히 배워서 나도 창업에 성공해야지.'라는 생각.

그렇게 첫 조별 모임이 시작되었다. 하려고 하는 사람만 모이니 각자에게 주어진 임무는 꼭 해왔다. 그렇게 조별 과제가 시작되고 우리는 성공적으로 조별 발표를 마쳤다. 우리의 목표는 개인 창업으로 모였다. 목표가 같은 사람끼리 모이다 보니 시너지는 엄청났다. 모임을 하면 할수록 좋은 아이디어가 떠올랐다. 그리고 본인이 가져온 아이디어에 구체적인 해결 방안도 제시해주었다. 그렇게 우리는 각자 고민했던 아이템으로 창업에 도전하게 되었다.

어느날 50만 원이나 하는 독서 모임이 있다는 말을 들었다. 나는 '대체 어떤 사람이 50만 원을 내면서 독서 모임을 할까.' 속으로 생각하며 궁금했다. 하지만 이번 창업 조별 모임을 하면서 깨달았다. 50만 원을 내고 모인 사람들은 거기서 더 많은 것을 얻어갈 수 있다는 점을.

일단 50만 원을 낼 수 있는 사람들은 그 금액을 잃어도 어렵지 않은 사람들이 모이게 된다. 그렇게 모인 사람들끼리 책을 읽고 낸 아이디어는 50만 원 이상의 가치가 나온다. 실제 그 모임을 하고 사업을 시작하면 항상 천만 원 이상의 수익을 낸다는 사람도 있었다. 이것을 깨닫고 그 사람은 비싼 독서 모임에 일부러 나가기 시작했다.

물론 아이디어만 얻어와서 바로 수익이 나진 않는다. 그 아이디어를 직접 실행할 용기도 있어야 하고 실행력도 있어야 한다. 그리고 거기서 나온 아이디어는 남들이 쉽게 생각할 수 없는 아이디어가 나왔다.

다수의 사람이 모여 서로 협력하거나 경쟁을 통해 얻게 되는 지적 능력의 결과를 집단지성이라고 한다. 50만 원을 보이지 않는 가치에 투자할 수 있는 사람들끼리 모이니 집단지성의 효과를 볼 수 있었다.

항상 최고의 결과는 함께했을 때 나왔다. 애플이나 삼성 같은 큰 대기업도 함께해서 멀리 갈 수 있었다고 생각한다. 그리고 똑똑한 사람들이 모여서 집단지성의 효과를 볼 수 있었다.

목표가 크고 높다면 함께 가야 한다. 혼자서 가는 건 한계가 있다. 물론 혼자서 성공하는 사람도 많이 있다. 하지만 결국 시간이 부족해서 사람들을 구하고 회사를 키우기 위해서는 같이해야 하는 상황이 온다.

나도 전공 동아리를 함께하면서 수상할 수 있었다. 그리고 50만 원 이상의 독서 모임을 하는 사람들도 함께하며 더 좋은 아이디어로 사업을 시작할 수 있었다. 좋은 결과물을 내는 행복은 조화로운 협력에 있었다.

협력을 끌어내지 못한 팀은 멀리 가지도 못했고 좋은 결과를 내지도 못했다. 좋은 결과물을 얻고 싶은가? 그럼 팀을 꾸리고 협력을 끌어내자. 원하는 목표 이상의 결과를 얻을 것이다.

2장

왜

내 주변에는
행복한 사람만
있을까?

01

왜 내 주변에는
행복한 사람만 있을까?

　내 주변에는 처음부터 행복한 사람들만 있지 않았다. 불평불만 가득한 사람들만 있었고, 남 탓이 일상인 사람들만 있었다. 그들과 어울리면서 나 또한 그랬다. 생각해보니 내가 그런 사람이었다. 주변에 어떤 일이 일어나도 남 탓하기 바빴고, 세상 탓하기 바빴다. 정작 내가 노력하진 않았다. 내가 무언가를 하지 않아도 자기 합리화하기 쉬웠다.

　내가 그런 사람이다 보니 주변에도 비슷한 사람이 모였다. 우린 같이 불평불만 했다. 사람은 자석처럼 서로 비슷한 사람들을 끌어당겼다. 남 탓을 하면서 걱정도 많았다. 일어나지 않을 일들을 걱정하는 데에 대부분의 시간을 썼다.

고등학교 때 과학 동아리를 했다. 과학 동아리를 운영하면서 과학 선생님과 친해졌다. 다음 날에 있을 과학 부스 운영을 준비하기 위해 선생님과 함께 물건을 사러 갔다. 나는 역시나 걱정거리가 많았다. 선생님께 여러 걱정거리를 말하면서 내일 과학 부스에 대해 고민을 털어놨다. 선생님께서는 계속 들으시다가 한 말씀 하셨다. "왜 이렇게 걱정이 많냐, 어떤 일이 일어나면 그때 고민하면 안 되겠냐?"라고 하셨다.

나는 충격적이었다. 대부분 사람이 나처럼 걱정이 많고 고민이 많은 줄 알았다. 하지만 과학 선생님께서는 걱정을 많이 하시는 편이 아니었다. 어떤 일이 닥치면 그때 해결책을 고민하시기 시작하셨다. 나도 과학 부스 운영을 하면서 과학 선생님께 많이 배웠다.

이때부터 걱정하는 습관과 멀어지기 시작했다. 걱정이 몰려오면 머리를 저었다. 그리고 지금 닥친 일만 생각했다. 실제로 걱정했던 일의 대부분은 일어나지 않았다. 나중에 읽은 책에서도 우리가 하는 대부분의 걱정은 실제로 일어나지 않고, 단 10%만 현실이 된다고 했다.

우리는 10%의 고민으로 대부분의 시간을 낭비하고 있다. 내가 고민하고 불평불만을 멈추자 주변 환경이 바뀌기 시작했다. 주변 사람들에게 대부분의 고민은 일어나지 않는다고 말해줘도 그들은 듣지 않았다. 그들과 나는 다른 사람이 되어갔다. 달라진 우리는 점점 서로를 멀리했다.

그러다 보니 내 주변에는 걱정하기보다는 자기의 할 일을 하는 사람들이 채워지기 시작했다. 정말 유유상종(類類相從)이었다. 남 탓하기 바빴던 내가 시선을 나에게 돌렸다. 무슨 일이 잘 안 되면 이유를 나에게서 찾았다. 그러자 나의 모자랐던 부분이 채워졌다. 남탓만 할때의 나는 성장하지 못했다. 이유가 항상 주변에 있었다. 그래서 내가 바뀌어야 할 이유는 없었다.

하지만 시선이 나에게로 간 순간 대부분의 이유는 나에게 있었다. 내가 바뀌어야 상황이 달라졌다. 실제로 대부분의 해결책은 내가 가지고 있었다.

나는 군 복무 시절 군대 안에 갇혀 있다고 생각했다. 전역할 날만 생각하면 앞이 까마득했다. 전역 날은 실제로 올 것 같지 않았다. 나의 군 생활을 생각해보면 21개월이 학창 시절 12년보다 길었다고 생각한다. 그렇게 시간이 안 갔던 2년은 없었다.

군대에서 나는 어느샌가 또 불평불만 하고 있었다. 그러자 누가 책을 추천해줬다. 그 책에서는 '감사일기'를 쓰라고 추천해줬다. 방법은 간단했다. 매일 감사할 일을 찾아서 적는 것이었다.

하지만 군대에서 감사할 일은 많지 않았다. 책에서도 그렇게 말했다. 처음에는 감사할 일이 많지 않다고, 하지만 아주 사소한 감사부터 시작해보라고 했다. 나는 책에 나온 예시대로 써봤다. '오늘 저녁에 좋아하는 반찬이 나와서 감사합니다.', '오늘은 날씨가 좋아서 감사합니다.'

정말 사소한 감사로 나의 노트를 채웠다. 나중에는 정말 감사할 일들이 넘쳐났다. 그러자 자연스럽게 행복한 일들만 생겼다. 어느 날 군대 동기가 노트를 보고 "감사일기 왜 쓰냐? 뭐가 달라지냐?"라고 물었다. 나는 당당하게 말할 수 있었다. "감사일기를 쓰고 생각보다 군대 생활이 달라지더라. 버틸 수 없었을 것 같은 군 생활이 재밌어."라면서.

실제로 내가 점점 주변에 행복을 주고 있었다. 그래서 그런지 중대장님은 관심병사 동기를 나와 같은 소속으로 바꿨다. 그 친구를 잘 도와주고 이끄는 모습을 보고 또 다른 관심병사들이 나와 같은 소속으로 됐다. 그렇게 우리 분대에는 세 명의 관심병사가 모였다.

이 또한 감사한 일이라고 생각했다. 나는 그 친구들에게 공감하고 진정으로 다가갔다. 남들에겐 관심병사일지 모르겠지만 나는 친구처럼 대했다. 그들도 나에게 마음을 열고 둘도 없는 친구가 되었다. 관심병사 친구들은 자기 말에 공감해주고 위로해주는 친구가 필요했던 것 같다. 중대장님은 나의 특징을 잘 알고 그 친구들을 나와 함께 두었던 것 같다.

감사일기를 쓰다 보니 감사일기를 쓰는 사람들과 함께하게 되었다. 나는 현재나 오늘의 감사일기만 적었다. 그들은 미래의 감사일기도 적고 있었다. 나는 새로웠다. 현재만 감사하는 게 아니라 미래에도 감사하고 있었다.

예를 들어 그들은 10년 후의 감사라는 카테고리를 만들었다. 그 아래에는 10년 후에 일어날 감사한 일들을 적었다. "부모님께 매달 100만 원의 용돈을 드릴 수 있어 감사합니다.", "세계 일주를 하게 되어 감사합니다." 같은 미래에 되고 싶거나 일어났으면 싶은 일들에 감사일기를 적었다.

나는 드림 보드만 가지고 있었다. 드림 보드에는 미래에 갖고 싶은 꿈이나 집, 자동차 사진을 붙여놓았다. 그들은 매일 글과 말로도 드림 보드를 그리고 있었다. 그들은 되고 싶은 것, 갖고 싶은 것, 하고 싶은 것을 매일 적고 생각하고 있었다.

실제로 매일 상상하는 일들이 미래에는 현실로 일어난다고 했다. 더 간절하게 상상하고 원하는 것을 실제로 사용해보고 눈으로 보면 더 이룰 가능성이 크다고 했다. 그걸 이루기 위해서 행동하게 된다고 한다.

감사일기를 쓰다 보니 주변에 감사일기를 쓰는 사람이 모였다. 감사일기를 쓰는 사람들은 대부분 행복한 사람들이었다. 현재에도 행복을 바라보고 미래의 행복까지 생각하는 사람들. 나도 그들과 함께하니 더 행복해질 수 있었다.

비슷한 사람들이 모이니 배울 점이 많아졌다. 감사일기를 쓰는 나는 미래에 대해 감사하는 법을 배웠다. 걱정하던 나에게 은인 같은 선생님은 걱정하지 않는 법을 알려주셨다.

내가 바뀌고 나니 주변에는 행복한 사람들로 채워졌다. 사람들은 비슷한 사람들을 끌어당긴다. 내가 먼저 행복한 사람으로 바뀌어야 한다. 감사일기로 오늘의 작은 감사에 행복을 느껴보는 건 어떨까?

작게 시작된 행복이 눈덩이처럼 불어나 큰 행복이 된다. 그렇게 작게 시작한 감사는 점점 큰 감사들이 보인다. 내가 행복해지니 주변에 행복한 사람들을 끌어당겼다. 그래서 내 주위에는 점점 행복한 사람들로 가득 차기 시작했다.

물론 처음부터 한 번에 바뀌지는 않는다. 하지만 지금부터 조금씩 바

꿔다 보면 금방 주변에 행복한 사람들로 가득할 것이다. 며칠 해보고 안

된다고 불평불만 하지 말자. 꾸준히 해서 정말 원하는 미래를 바꿔보자.

반드시 비슷한 것끼리 끌어당기게 되어 있다. 꾸준히 감사하고 행복한

일들을 찾다 보면 당신 주변에 행복한 사람들로 가득 찰 것이다.

귀신보다
사람이 무섭다

나는 어릴 때 귀신을 너무 무서워했다. TV 속에 나온 귀신은 머리가 길고 무섭게 생겼었다. 하지만 내 상상 속에 귀신이 있었고 실제로 본 적은 없었다. 조금씩 크면서 귀신은 실제로 보이지 않으니 점점 무서움은 사라졌다.

크면서 귀신보다는 사람을 많이 겪었다. 나는 사람을 만나는 것을 좋아했다. 그만큼 사람을 잘 믿었다. 사람을 잘 믿은 만큼 배신하는 사람도 많았다. 학생 때도 그런 친구들이 많아서 조금씩 사람이 무서워지기 시작했다.

나는 학교 다닐 때 학교에서 모든 친구와 잘 어울려 지냈다. 나의 목표는 모든 친구와 친하진 않아도 좋은 사람으로 기억되고 싶었다. 그렇게 그냥 모두에게 베풀고 잘 해줬다.

중학교 2학년 때 나는 핸드폰을 걷어서 담임 선생님께 제출하는 역할을 했다. 학교에서 일진이라고 불리는 친구는 본인 핸드폰을 내지 않았다. 나는 그러면 안 됐지만 별일 아니라는 듯이 담임 선생님께 걷은 핸드폰을 제출했다. 어느 날 친구가 핸드폰을 사용하다 걸렸다. 본인이 안 내서 걸려서 나는 문제가 없을 줄 알았다. 하지만 그 친구는 내가 핸드폰을 줬다고 했다. 그렇게 나를 걸고넘어졌다. 선생님께서는 왜 그랬냐고 하셨다. 나는 아무 말도 할 수 없었다. 내가 실제로 걷지 않았기 때문이다.

'본인의 행동에 본인이 책임지겠지.'라고 믿었다. 그래서 나는 그 친구도 본인이 책임지겠구나 싶어서 그랬지만 결과는 그렇지 않았다. 핸드폰을 걷지 않은 내 잘못이 더 컸다.

많은 사람들이 남의 잘못에는 엄격하고 본인의 잘못에는 관대하다. 남의 조그만 실수에는 칼 같은 잣대를 들이댄다. 하지만 본인도 같은 실수를 했을 때, '이 정도는 괜찮아.'라고 눈감는다.

이것 때문에 사람들이 무서워진다. 내가 보기에는 본인도 같은 실수했을 때도 있다. 하지만 그럴 때마다 '그럴 수도 있지.'라면서 넘어간다. 나의 실수에는 불같이 화를 낸다. 그런 모습을 보면서 나는 당황스러웠다.

그래서 나는 다른 사람들이 실수할 때 세 번까지는 그냥 본다. 처음 하는 일이기에 실수할 수 있다고 생각한다. 그리고 알려줘도 까먹을 수 있다고 생각한다. 세 번이 지나고 나서도 반복되면 더는 실수라고 생각되지 않는다. 그때부터는 계속 지적해준다.

대부분 믿었던 사람에게 사기를 당한다. 귀신에게 사기를 당했다는 말을 들어보진 못했다. 그만큼 사람이 무섭다. 처음에 돈을 빌리러 오는 사람들은 나와의 친분을 이용한다. '나는 친구니까 언젠가 갚겠지.'라는 생각과 함께 돈을 빌려줬다.

하지만 친구들은 돈을 빌릴 때와 갚을 때의 태도가 달랐다. 왜 주변에서 친구들과는 돈거래를 하면 안 된다고 말하는지 알았다. 친구를 잃을 건지, 받지 않아도 될 만큼만 친구에게 돈을 빌려줄 건지 선택해야 했다.

나는 처음에 돈을 빌리러 온 친구들의 언제까지 갚겠다는 말을 믿었다. 날짜가 다가오면 연락이 잘되던 친구도 연락하지 않았다. 나는 부담이 될까 봐 친구에게 말을 하지 않았다. 하지만 그 친구는 말을 하지 않으니까 갚지 않아도 되는 돈으로 생각했다.

돈을 빌릴 때는 빌리는 사람이 을이 되지만, 빌린 돈을 받을 때는 받는 사람이 을이 된다. 나는 그렇게 친구와의 돈거래를 끊게 됐다. 나중에는 내가 빌려줬다는 이야기를 듣고 많은 친구가 돈을 빌리러 왔다. 많은 친구들이 돈을 빌려간 만큼 친구들과 관계가 끊어졌고, 결국 돈을 받지 못하고 속이 타는 건 나였기 때문이다.

돈을 빌려 간 사람은 빌릴 때는 공돈이라고 생각한다. 하지만 갚을 때는 생돈 나가는 느낌이라고 한다. 그래서 생돈 나가기 싫어서 대부분 갚지 않으려고 한다. 믿었던 사람들과 관계가 끊기고 나니 사람 믿기가 무서워졌다. 실제로 돈이 걸리면 사람들은 더 무섭게 변했다.

나는 함께 다니던 중학교 친구들이 열 명 가까이 있었다. 우리는 고등학교를 졸업할 때 다 같이 사진을 찍었다. 이미지 사진을 지갑 속에 넣고 다니며 우정이 영원할 줄 알았다. 그리고 매년 사진 찍자며 약속했다.

그렇게 친구들끼리 친해서 자기의 애인을 친구들에게 소개해줬다. 그러던 어느날 친구의 여자친구를 뺏는 친구가 생겼다. 친구는 믿었던 여자친구와 친구를 동시에 잃었다. 배신한 친구는 무리에서 자연스럽게 나가게 되었다. 하지만 배신당한 친구도 점점 사람을 멀리했다.

나는 김건모의 〈잘못된 만남〉을 실제로 겪었다. 노래 가사가 상상으로 만든 줄 알았다. 하지만 이 노래도 실화를 바탕으로 만들어졌다고 했다. 나는 노래도 이 상황도 충격적이었다. 믿었던 사람 두 명에게 배신당한 친구는 얼마나 충격일지 상상조차 되지 않았다.

배신한 친구가 문제인지, 여자친구가 문제였던 건지, 둘 다 문제였던 건지는 모르겠다. 한동안 친구들은 애인이 있다고는 했지만 서로 소개해 주진 않았다. 나도 믿었던 두 사람에게 배신을 당할까 봐 무섭기도 했다.

나는 오래된 연인들이 헤어지고 바로 다른 연애를 시작하는 건 서로에게 예의가 아니라고 믿었다. 헤어지자마자 다른 사람을 사귀는 건, 나와 헤어지기 직전에 그 사람과 관계가 이미 어느 정도 형성되었기 때문에 가능하다고 생각한다.

나는 항상 연애를 오래 하는 편이었다. 나와 2~3년 사귄 사람이 헤어지자마자 며칠 후에 다른 사람을 사귀게 되었다. 그 소식을 들은 나는 충격이었다. 나와 사귀었던 친구는 나에게 항상 말했었다. 그 친구는 연애를 보통 짧게 한다고 했다. 그래서 자기는 보통 헤어지면 금방 다른 연애를 하는 편이고, 연애를 쉬어본 적이 없다고 말했다. 하지만 나와는 오랜 연애가 끝나서 다를 줄 알았기 때문이다.

그 친구와 연애하면서 본인 친구네 커플 얘기를 해준 적이 있었다. 친구네 커플이 헤어질 것 같아서 자기 친구에게 다른 남자를 소개해줬다고 했다. 나는 속으로 '그렇구나. 그럴 수도 있구나.'라고 생각했다.

나와 헤어지기 전에 그 친구와 만난다고 했다. 마지막 만남 전에 만난 친구는 그 커플의 친구였다. 나도 같은 상황을 겪은 것만 같았다. 헤어지자마자 다른 사람을 사귀었기 때문이다. 그렇게 믿고 싶진 않았지만 상황이 그렇게 보였다. 정확한 사실은 모르지만 속상한 건 사실이었다.

이를 계기로 믿음을 바꿨다. 오랜 연인이어도 사람마다 다를 수도 있다. 바로 다른 사람을 만나서 불같이 서로의 관계가 발전할 수 있다고. 모든 사람이 나와 같을 순 없다고 생각한다. 그래서 그럴 때는 '그럴 수도 있지.' 하면서 넘어가는 마음을 가져야 한다는 것을 깨달았다.

실제로 보이지 않는 귀신은 우리를 가끔 놀라게 할 순 있다. 상상 속에 있던 귀신이 꿈에 나와 우리를 놀라게도 한다. 하지만 충격이 오래가진 않는다.

믿었던 사람에게 배신당한 것보다는 귀신보다 사람이 더 무서운 이유는 믿음 때문이다. 내가 믿고 잘해준 만큼 받진 못한다고 생각한다. 하지만 그 친구를 좋아하고 믿기 때문에 나는 더 잘해준다. 믿은 만큼 배신당했을 때는 더 크게 다가온다.

물론 사람을 믿지 말라는 이야기는 아니다. 믿었던 친구와 여자친구에게 배신당한 것처럼. 가끔은 귀신보다 사람이 무서울 때도 있다는 이야기다.

지금의 조건에서 행복해지는 법

드림 킬러를
조심해라

드림 킬러란 나의 꿈을 죽이는 사람들을 말한다. 드림 킬러들은 항상 걱정과 조언을 가장해서 말을 한다. 내가 늦은 나이에 대학을 가려 할 때 "남들은 취업하고 돈 벌 시기에 지금 대학 가서 언제 졸업하게!"라고 걱정을 가장한다.

드림 킬러와 맞서 싸우면서 에너지를 낭비할 필요는 없다. 그들은 대부분 안 될 이유만 찾는다. 그리고 그들은 내가 반박하면 할수록 나를 위한 말이라며 나의 꿈을 죽일 뿐이다.

드림 킬러를 대처하는 방법은 나의 꿈과 목표가 확실해야 한다. 나의 마음속이 불안하면 드림 킬러들은 나의 마음속에 있는 말들을 주위에서 하기 시작한다. 나조차도 '이게 될까?'라고 생각하는데 주변에서 꿈을 죽이는 말까지 들으면 꿈에서 점점 멀어진다.

주변에서 하는 말들을 듣고 상처받지 않기 위해서는 나의 꿈이 명확하면 된다. 꿈이 명확하고 클수록 주변에서 시기하는 사람들이 생긴다. 시기하는 사람들이 보이면 속으로 생각하면 된다. '내가 나의 목표로 잘 가고 있구나.'라고.

이지영 강사님께서 항상 하는 이야기가 있다. "성공이란 선물은 시련이란 포장지와 함께 온다."라고. 나의 목표로 가는 길은 즉 성공으로 가는 길이다. 하지만 성공의 길엔 항상 시련이 있다. 드림 킬러들은 시련에 해당한다. 이 포장지를 잘 벗겨낸다면 결국 나의 꿈을 이룰 수 있다.

나는 작가가 되고 싶었다. 그래서 회사에 다니면서 글을 썼다. 매일 나의 이야기를 기록하고 사람들에게 알렸다. 어느 날 친구들을 만나서 나의 꿈을 이야기했다. "나는 행복에 관한 책을 써서 작가가 되고 싶어."라고.

친구들 대부분은 작가는 쉽지 않다고 했다. 회사에 다니면서 글을 쓰고 작가가 되는 건 더 어렵다고 했다. 사실 친구들이 해준 말은 다 나의 마음속의 말이었다. 내가 작가가 되기로 마음을 먹었을 때 '회사에 다니면서 글을 쓸 수 있을까?', '작가가 정말 될 수 있을까?' 하는 불안한 마음이 있었다.

그런 마음이 현실로 나타난 것이다. 나는 꿈을 포기하고 싶지 않았다. 그래서 이제는 나의 꿈을 주변에 말하고 다니지 않았다. 말하면 할수록 안 될 방법만 찾아주었다. 나의 꿈을 꺾으려고 하는 사람들만 있었다. 그래서 나는 이제 결과를 보여주기로 했다. 매일 글을 쓰고 고치고를 반복했다. 그렇게 나는 첫 책 『누구나 이유 없이 행복해질 수 있다』를 출판하고 작가가 되었다.

드림 킬러보다 먼저 조심해야 할 것은 나의 마음이다. 내가 목표로 향해 달려가는데 불안한 마음이 나타나면 도중에 포기하기 쉽다. 성공한 사람들 대부분은 말한다. 포기하는 사람들을 보면 성공이 바로 앞에 있는데 거기서 돌아선다고.

나는 우주의 법칙을 믿는다. 내가 원하는 것을 우주에 말하면 우주는 응답한다는 법칙이다. 그래서 꿈을 우주에 말하면 그 꿈을 꼭 이뤄줄 것이다. 하지만 꿈을 말하면서 동시에 꿈을 이루지 못하는 생각을 하면 우주는 혼란스럽다. 정말 꿈을 이루고 싶은 것인지, 꿈을 이루고 싶지 않은 것인지 알 수 없다. 우주에 말할 때는 내가 원하는 한 가지 소망만 말해야 한다.

어떤 사람은 이렇게 말한다. "우주에 말해서 모든 게 이루어지면 왜 대부분 사람은 원하는 걸 이루지 못했을까요?"라고. 원하는 걸 말하자마자 이루어지면 세상은 혼란스럽다. 지금 당장만 봐도 그렇다. '나는 부자가 될 거야.'라고 말하자마자 부자가 된다면, 열심히 일할 사람은 아무도 없을 것이다.

우리가 택배를 시켰을 때 물건이 도착하기까지 시간이 걸린다. 우주에 말했을 때도 시간이 걸린다. 즉 딜레이가 존재한다. 많은 사람의 꿈이 이루어지지 않는 건 여기에 있다. 꿈이 도착하기에 걸리는 시간 동안 그 꿈을 포기하기 때문이다.

나는 첫 책 출판 계약을 하고 친구들에게 다시 말했다. "나는 정말 작가가 되고 싶다."라고. 친구들은 또 같은 반응이었다. 지금이라도 꿈을 포기하는 게 어떠냐고. 그래서 나는 계약서를 보여주고 정말 작가가 되었다고 말했다. 결과를 보여주니 친구들은 다른 반응을 했다. "나는 네가 될 줄 알았어. 역시 열심히 하더니 결국 꿈을 이뤘구나."라고.

사람은 변화를 싫어한다. 자신이 변화하는 것도 싫지만, 내 주변 사람들이 변화하는 것도 싫어한다. 그래서 주변 사람들이 변화하려고 하면 순식간에 드림 킬러로 변한다. 드림 킬러들은 내가 변하지 않기를 바란다. 언제나 내 옆에 있어주기를 바라기 때문이다.

내가 꿈을 향해 갈 때는 반드시 이별해야 하는 순간이 온다. 주변의 친구들도 예외는 아니다. 꿈이 다른 사람들과는 함께 가지 못하기 때문이다. 그런 사람들과 어울리면 결국 감정과 시간만 소비하게 된다.

나는 직장을 다니면서 유튜브도 하고 싶었다. 유튜브를 하면서 나의 메시지를 전달하고 싶었다. 이런 마음을 먹으면 언제나 드림 킬러들이 찾아온다. 하지만 직장을 다니면서 유튜브를 하는 사람들이 생각보다 많다. 그래서 나는 그런 사람들을 찾아다녔다.

직장에서 유튜브를 하는 친구를 만났다. 그 친구와는 이야기하면 할수록 나의 꿈에 다가갈 수 있었다. 서로 유튜브를 편집하는 방법에 대해 고민하고 이야기한다. 그리고 유튜브 섬네일 만들기나 유튜브 제목 짓는 방법을 공부하고 공유했다.

그렇게 우리 둘은 유튜브를 시작하고 꾸준히 하고 있다. 둘 다 유튜브로 성공하겠다는 목표는 아니다. 단지 직장을 다니면서 나는 나의 목소리를 내고 싶었다. 그 친구는 자신의 취미생활을 남들과 공유하고 싶었다.

드림 킬러와 반대로 드림 메이커가 있었다. 같은 꿈을 꾸는 친구들과 함께하면 그 꿈을 이룰 수 있다. 그래서 무언가를 이루고 싶으면 이루고 싶어하는 사람들이 많은 곳에 가면 된다. 그 사람들과 함께하다 보면 꼭 이룰 수 있기 때문이다.

나도 예전에는 드림 킬러였다. 주변 사람들이 어떤 꿈을 가지면 안 되는 방향만 생각해서 말했던 것 같다. 하지만 내가 꿈을 갖고 이루려고 노력하고 나서는 바뀌었다. 꿈을 갖고 노력하는 사람들에게 된다고만 했다. 그리고 실제로 될 수 있도록 나도 같이 방법을 찾아줬다.

나는 그렇게 드림 킬러에서 드림 메이커가 되었다. 드림 킬러는 주변에 사람들이 별로 남아 있지 않았다. 항상 부정적인 말만 하기 때문이다. 하지만 드림 메이커가 되고 나서는 주변에 사람들이 많아졌다. 긍정적인 말로 용기를 주었기 때문이다.

많은 사람이 꿈을 말할 때는 용기를 얻고자 말한다는 것을 알았다. 본인도 마음속으로는 불안하기 때문이다. 하지만 주변에서 될 수 있고 할 수 있다는 소리를 듣고 싶었다. 그렇게 용기를 얻어서 내가 꿈을 향해 더 나아가고 싶기 때문이다.

드림 킬러는 외부에도 내부에도 존재한다. 주변 사람들도 그리고 내 안의 마음도 조심해야 한다. 드림 킬러는 항상 나의 꿈을 죽이는 방향으로 생각하기 때문이다. 꿈을 실현하기 위해서는 우리는 꿈을 실현하게 할 일만 생각해야 한다. 우리의 소망이 간절하면 간절할수록 더 빨리 이룰 수 있다.

사람은 마음먹은 만큼만 할 수 있다. 실패는 내가 정하는 것이다. 다른 사람이 보기엔 실패라고 보여도 그 실패는 잠깐 오는 좌절일 뿐이다. 우리가 해낸다고 생각하면 결국 우리는 해낼 것이기 때문이다.

비워야
채워진다

사람의 마음은 먼저 비우기가 첫 번째이다. 비워야 비워진 공간에 새로운 감정이 채워진다. 물컵에 음료수를 마시고 싶은데 물이 가득 차 있으면 음료를 따를 수 없다. 마찬가지로 사람의 마음속에 좋은 감정을 채우기 위해서는 먼저 차 있는 나쁜 감정을 비워야 한다.

주위에서 하는 많은 나쁜 이야기를 모두 담을 필요는 없다. 나쁜 이야기를 담을수록 주위에서 하는 좋은 이야기를 담을 공간이 부족해지기 때문이다. 프로게이머 선수 페이커는 이렇게 표현했다. "어떤 사람이 나에게 쓰레기를 주면 그걸 내 주머니에 담을 필요는 없어요. 쓰레기를 내 주머니에 담으면 내 주머니만 더러워지잖아요." 여기서 쓰레기라고 표현한 건 다른 사람들이 나를 비판하거나 나쁘게 말하는 이야기를 뜻한다.

우리는 가슴속에 많은 이야기를 품고 산다. 하지만 그 중에선 좋은 이야기도 있고 나쁜 이야기도 있다. 많은 사람들은 좋은 이야기보다 나쁜 이야기를 많이 생각한다.

과거에는 위기를 극복하기 위해서 나쁜 상황만 생각해야 했다. 생존하기 위해서였다. 하지만 지금은 그렇지 않다. 곳곳에 생존을 위협하는 일들이 일어나지 않는다. 그런데도 나쁜 상황만 생각하는 사람들이 많다. 생존을 위해서 해오던 일들이 이제는 생존을 위협하는 일들이 됐다.

주위에는 남들에게 상처를 주면서 자신의 자존감을 채우는 사람들이 있다. 흔히 요즘에는 방구석 여포, 키보드 워리어로 불린다. 이 사람들은 익명에 숨어 인터넷상에서 악성 댓글을 단다. 본인이 갖고 싶지만 갖지 못한 걸 가진 사람들을 부러워하면서 가진 사람들에게 모진 말을 쏟아낸다.

이때 우리는 모든 말을 주워 담을 필요가 없다. 우리 마음은 크기가 정해져 있다. 그 틀 안에서 좋은 말, 나쁜 말, 기억 등 다양한 걸 담아야 한다. 하지만 모진 말들을 담다 보면 좋은 기억들과 좋은 말은 담을 공간이 없다.

성공한 사람들이 공통으로 말하는 사항이 있다. 바로 '주변에서 시기하는 사람들이 생기면 내가 올바른 길로 가고 있구나.'라고 생각하라고 했다. 주변에서는 해보지도 않고 사람들을 비판부터 하기 때문이다. 그래서 묵묵히 나의 길을 가다 보면 내가 원하는 일을 이룰 수 있을 것이다.

물론 귀를 닫고 내 갈 길만 가라는 뜻은 아니다. 나에게 도움이 될 만한 비판은 받아들이는 자세도 중요하다. 하지만 모든 비판을 받아들일 필요는 없다는 뜻이다.

우리 집은 최근에 이사했다. 이사를 하면서 물건 대부분은 버리고 새로운 물건을 사기로 했다. 어머니께서는 아까우셨는지 많은 물건을 챙기고 이사를 했다. 버리지 않은 물건들을 모두 챙기고 옮기느라 힘이 들었다. 새로운 집에 기존의 물건을 가지고 와서 채우니 계획대로 새로운 물건을 살 수가 없었다.

이사를 다 하고 나서 버리기 시작했다. 아깝지만 쓰지 않는 것들은 모두 버렸다. 그동안 쓰지 않았던 물건들은 실제로 살면서 필요한 경우가 많이 없다. 그렇게 많은 물건을 버리고 나니 집 안에 공간이 많이 생겼다.

새로 생긴 공간에 우리가 필요한 물건들로 채우고 정리할 수가 있었다. 처음부터 버리고 오면 좋았겠지만 가지고 와서 버리면서 깨달은 사실이 있다. 결국 내가 가지고 있던 걸 버려야 새로운 물건으로 채워진다는 사실을 깨달았다.

나는 물건도 마음도 똑같다고 생각한다. 우리가 가지고 있는 아픈 기억들, 나쁜 말들을 비워야 좋은 기억들, 좋은 말들로 채워진다고 생각한다. 예를 들어 가득 찬 옷장에 새로운 옷을 넣으려면 안 입는 옷을 버려서 공간을 만들어야 하는 것과 같다.

버리기 전에 해야 할 일이 있다. 나의 마음속에서 어떤 기억과 말들을 버려야 할지 분류하는 것이다. 내가 좋았던 기억들은 간직하고 나쁜 기억들은 버려야 하기 때문이다.

나는 어릴 때 주위에서 하는 이야기들을 모두 담아두는 버릇이 있었다. 좋은 이야기도 나쁜 이야기도 모두 담아두었다. 칭찬을 들을 땐 기분이 마냥 좋았다. 하지만 비판을 들을 땐 기분이 좋지 않았다. 모두 담아두고 보니 나중에는 칭찬보다는 비판을 더 많이 기억하게 되었다.

실제로 많은 사람이 좋은 기억보다는 나쁜 기억을 오래 갖고 있다. 그래서 나는 나쁜 기억을 어떻게 하면 빨리 지울 수 있을까 고민을 했다. 나쁜 기억을 어떻게든 빨리 버리고 싶었다.

나는 나쁜 기억을 종이에 적었다. 그때 떠오른 감정들이나 생각들도 같이 적었다. 종이에 빽빽하게 적고 나면 속이 좀 후련했다. 그날의 감정들이 정리되는 기분이었다. 나빴던 감정들도 조금씩 차분해졌다.

그리고 다시 읽어보고 어떤 기분이 드는지 천천히 나를 살펴봤다. 나중에는 나빴던 감정들에 대한 기억이 좋진 않았지만, 다시 생각했을 때 차분한 마음을 발견했다. 그리고 나서는 그 종이를 며칠 후에 버렸다.

이 방법이 생각보다 나쁜 기억을 빨리 없애주었다. 내가 가진 생각이나 감정들을 글로 적어보는 습관이 내 마음속에 있던 감정들을 정리해주었다. 내 마음속에 있던 감정 쓰레기통이 정리된 기분이었다.

기억과 감정들을 적어보는 건 아주 쉬운 일이었다. 하지만 효과는 뛰어났다. 나중에 똑같은 상황이 생길 때 감정적으로 대하지 않을 수도 있었다. 나는 그렇게 성장했다. 남이 보면 큰일이 아닌 경우인데 나에겐 큰일처럼 대해진다면 조금 더 성장할 필요가 있다.

조그마한 일에 나의 에너지 전부를 쓴다면 큰일에 쓸 에너지가 남아있지 않기 때문이다. 나의 감정들과 생각들을 종이에 적어보는 습관으로 조금은 성장할 수 있다. 나는 이 일을 계기로 감정 일기를 쓰기 시작했다.

좋았던 감정과 나빴던 감정들을 적고 이유를 적었다. 나중에 그 감정이 또 나타나면 자연스럽게 대처할 수 있었다. 생각보다 대처할 힘을 기르는 방법은 간단했다. 나의 마음을 글로 정리해보면 된다.

인터넷 강사 이지영 씨는 이렇게 말했다. "남이 나에게 똥을 던져서 묻히면 그 똥을 다시 던질 필요는 없다. 그러면 내 손이 더러워진다. 하지만 똥을 던진 사람은 내가 아니어도 벌을 받게 되어 있다."

이 말에 나도 공감한다. 내가 굳이 그 사람에게 모진 말을 하지 않아도 세상이 벌을 준다. 지금 당장은 벌을 받지 않아도 똥을 던진 사람은 언젠가 다시 똥을 맞게 되어 있다. 자기가 던진 부메랑이 다시 돌아오는 것처럼.

그래서 항상 남에게 말을 할 때는 상처를 주는 말보다는 용기를 주는 말을 해야 한다. 남에게 상처를 주는 건 결국 돌아서 자기에게 상처를 주는 말이 된다. 주변에서 하는 많은 이야기를 마음속에 모두 담아둘 필요는 없다. 내가 좋아하는 말, 듣고 싶은 말만 마음속에 담아도 우리 마음은 금방 가득 찬다.

남에게 좋은 말을 듣지 않아도 괜찮다. 우리 마음은 남이 해준 이야기나 내가 해준 이야기나 똑같이 담아둘 수 있다. 남이 좋은 이야기를 해주지 않으면 내가 위로해주면 된다. 남보다는 나와 더 오래 만날 마음이기 때문이다.

오늘도 내 마음을 내가 위로해주며 속에 있던 나쁜 기억들은 비워주자. 결국 좋은 말을 받아들일 수 있는 상황은 속 안에 있는 나쁜 말들이 비워져야 한다. 오늘도 내 마음을 내가 위로하며 행복한 마음으로 가득 채우자.

05

인생의 가치를
행복으로 삼아보라

내가 살면서 제일 소중하고 빼앗기기 싫다고 생각하는 것에 대한 답이 인생의 가치이다. 사람마다 인생의 가치는 마주하고 있는 현실에 따라 다르다. 가치를 알아내기 위해서는 여러 가지 경험을 하다 보면 알게 될 것이다. 인생을 살아가면서 본인의 인생의 중점을 어디에다 두어야 할지 깨닫게 되기 때문이다.

나는 인생의 중점이 '놀기'에 있었다. 어릴 때부터 집에 붙어 있던 적이 없었다. 내가 중학교에 가기 전까지 두 살 차이 나는 동생과 함께 나의 친구들과 놀았다. 가끔은 야구도 하고 동네에서 술래잡기, 피구 등 여러 가지 놀이를 하면서 놀았다. 그러다 보니 다치는 경우도 많았다.

　여자 아이만 키우다가 늦둥이 남자 아이를 갖거나, 첫째를 여자 아이 키우고 둘째를 남자아이 키우는 부모님들은 이 부분에서 놀란다. 아무리 뛰어다녀도 다치지 않고 잘 컸던 첫째와는 달리 남자 아이들은 키우다 보면 다치기 일쑤이다. 오죽하면 서점에 가면 남자 아이들은 키우는 방법이 다르다고 수많은 책으로 나와 있다.

　어머니들의 공통적인 고민거리이다. 부모님들 모임을 하면 확연히 드러난다. 남자 아이만 키운 어머니들과 여자 아이만 키운 어머니, 둘 다 키우신 어머니들 성향이 너무나 다르다. 남자 아이를 키운 어머니들은 확실히 강했다. 물론 여자 아이만 키우신 어머니들도 위대하시고 강하다. 하지만 남자 아이를 키우신 어머니들은 생각보다 사고를 많이 친 덕분에 다른 어머니보다 조금 더 강해지셨다.

　남자 아이를 키우신 어머니들은 키우면서 많이 우셨다. 생각보다 자기 뜻대로 되지 않기 때문이다. 나도 어릴 때의 가치가 놀기이다 보니 공부를 안 했다. 어느 날은 어머니께서 나를 잡고 성적표 이야기를 하며 우셨다. 나는 그때 충격을 받았다. '무작정 놀기만 하면 안 되는구나…'라는 생각이 들었다. 하지만 사춘기였던 나는 금방 또 까먹고 놀기에 집중했다.

어머니가 먼저 항복하셨다. 학원에도 보내주셨지만, 학원에서도 친구들을 만들기 바빴다. 어머니는 먼저 인생을 살아보셔서 알고 계셨다. 공부가 중요하다는 것을. 하지만 사람들 대부분은 겪어보기 전까지는 잘 모른다. 나도 고등학교 3학년이 될 때까지는 공부가 중요한지 몰랐다.

고등학교 1학년 때는 막연하게 4등급을 맞아도 3년 동안 공부하면 흔히 말하는 'SKY(서울대, 고려대, 연세대)는 가겠지.'라는 생각이 있었다. 2학년이 되고 나서는 '그래. 인 서울만 하면 되지.'라는 생각으로 바뀐다. 3학년이 되니까 '내가 갈 수 있는 대학교가 있는 건가?'라는 생각으로 바뀌면서 위기를 맞이했다.

마냥 가치가 '놀기'였던 나에겐 첫 위기였다. 그동안 고등학교 선생님들께서 "대학교에 가서 놀면 된다. 대학교에 가면 연애도 할 수 있고, 살도 빠진다."라고 말씀하셨다. 삶의 가치가 '놀기'였던 나는 대학교에 가서도 놀고 싶었다. 하지만 '대학교에 갈 수 있을까?'라는 의문이 들기 시작하면서부터 마음이 급해졌다.

그렇게 고등학교 3학년 여름방학부터 늦게 정신을 차렸다. 남들은 나보다 2년 반이나 먼저 준비해왔다. 그렇게 부랴부랴 준비한 수능에서 내가 갈 대학은 인 서울이 아니었다. 그렇게 재수를 하고 군대를 갔다 와서 삼수했다. 재수와 삼수에 성적이 좋지 않았지만, 서울에 있는 전문대에 입학했다.

전문대에 입학하고 나서 부모님과 식사 자리를 가졌다. 나도 그렇고 아버지도 그렇고 공부 머리는 따로 있다는 말을 조금 일찍 깨달았어야 했다고 했다. '나의 아들은 안 그렇겠지.'라는 생각에 계속 공부를 시켰는데, 역시나 아니었다고 하셨다.

나는 스물네 살 늦은 나이에 전문대에 갔다. 처음 대학교에 가는 내 기분은 너무나 설렜다. 왜냐하면 고등학교 때 선생님께서 대학교에 가서 놀면 된다는 말씀이 있었기 때문이다. 대학교에 가면 나도 살도 빠지고, 연애도 할 수 있을 것 같았다.

입학 일주일 전에 단체 카톡방(이하 단톡)이 열렸다. 거기에서 서로 이야기하고 소개하느라 시간 가는 줄 몰랐다. 새벽까지 이어진 이야기는 입학식 전에 번개 모임을 갖게 되었다. 번개 모임을 통해 입학 전에 친구도 사귈 수 있었다.

대학교에 입학하자마자 미리 사귀었던 친구들과 다니면서 3, 4월은 매일 술을 마셨다. 선생님께서 말씀해주신 살 빠진다는 말은 일어나지 않았다. 매일 술 먹는 나는 살이 빠질 수가 없었다.

그렇게 대학교는 재밌게 다녔다. 늦은 나이에 입학한 나에게 나이가 많다는 이유로 기회가 많이 주어졌다. 그래서 나는 내가 해보고 싶은 것은 모두 할 수 있었다. 전공 동아리, 총학생회, 과 대표까지 많은 것을 경험하고 대학교를 졸업했다.

졸업하고 나서 취업한 곳은 제약회사 생산직이었다. 회사에 다니면서도 나의 가치는 놀기였다. 동기들과 매일 놀고, 퇴근하면 게임에 접속해서 친구들과 놀았다. 곰곰이 생각해보니 나의 가치는 놀기가 아니라 나의 행복이었다.

가치를 행복으로 눈을 돌리니 생각이 조금씩 바뀌기 시작했다. 나의 궁극적인 행복의 목표는 '소중한 사람들을 지키는 것'이었다. 소중한 사람들을 지키기 위해서는 돈이 필요하다는 것을 깨달았다.

소중한 사람들이 아프거나 먹고 싶은 것이 있을 때 돈이 있으면 쉽게 해결된다는 것을 깨달았기 때문이다. 그렇게 하기 위해서는 경제적 자유가 필요했다. 회사를 열심히 다니는 나에게는 평범한 삶이 보장되어 있었다. 나의 가치인 행복에는 평범하게 다가갈 수밖에 없었다.

평범하게는 나의 소중한 사람들을 지킬 수 없다는 생각이 들었다. 심지어 나의 7년 뒤 목표는 가출 청소년 재단을 만드는 것이다. 삼수하며 만난 과외 선생님께서는 가출 청소년들에게 봉사활동을 해주고 계셨다. 선생님께서는 "가출 청소년이 다 비행 청소년은 아니다. 정말 살기 위해서 가출한 청소년도 많다."라고 말씀해주셨다. 그때 나에게 해주신 이야기가 미래에 나도 가출 청소년 재단을 만들고 봉사하고 싶다는 생각을 갖게 했다.

그렇게 나의 목표를 정하다 보니 나는 자기 계발에 눈을 뜨게 되었다. 다른 사람들은 어떻게 살고 인생의 어떤 가치에 중점에 두는지 궁금했다. 직장에 들어와서 독서를 하며 다른 사람들의 삶을 간접적으로 배웠다.

취업 후 처음에는 자격증과 어학 공부를 시작했다. 막연하게 다른 직종에 가면 '꿈을 이룰 수 있겠지.'라는 생각이 들었다. 하지만 공부하고 이직을 해도 연봉이 크게 변할 것 같지 않았다. 그래서 나는 다른 길을 선택했다. 작가가 되고 '내가 깨달은 것을 바탕으로 남들을 도와주자. 나의 이야기로 남들에게 동기 부여를 해주자.'라는 생각으로 나는 그렇게 강사의 꿈을 갖게 되었다.

인생의 가치에 따라 우리의 삶의 목표가 바뀐다. 나의 처음 가치는 단순히 '놀기'였다. 종일 놀 수만 있다면 나는 행복했다. 우스갯소리로 나의 꿈은 뽀로로였다. 노는 게 제일 좋았기 때문이다.

그러다가 행복으로 가치가 바뀌면서 상황이 달라졌다. 우리의 가치는 마음속 뿌리와 같다. 뿌리에 물을 주고 잘 키우면 큰 나무가 자란다. 나무에는 내가 목표했던 결과의 열매가 자라게 된다. 그렇게 내가 목표했던 열매를 딸 수 있게 된다.

나의 가치가 흔들리면 뿌리가 흔들리는 결과가 나타난다. 뿌리에 따라 자라는 나무의 종류가 다르다. 마찬가지로 자신의 가치에 따라 인생이란 나무도 다르게 성장할 것이다. 인생의 가치를 행복에 둔다면 자신이 원하는 꿈이 명확해질 것이다. 지금부터 새로운 뿌리를 내려보는 것은 어떨까?

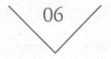

고민을 해결해주다 보니
내 주위에 사람들이 모였다

다른 사람에게 고민을 털어놓다 보면 어떤 사람은 "세상은 원래 다 그런 거야."라고 한다. 그렇게 고민을 털어놓고 싶은 마음을 없애버린다. 고민을 털어놓은 사람은 위로를 받고 싶기도 해결책을 얻고 싶기도 한데 부정적인 감정만 잔뜩 준다.

나는 어릴 때부터 친구들이 나에게 고민을 털어놨으면 좋겠다고 생각했다. 친구들이 나에게 고민을 털어놓았을 때 베스트 프렌드가 된 느낌이기 때문이다. 우리 둘만의 비밀이 생긴 것 같았다.

나는 여러 친구의 고민을 들어주려고 노력했다. 하지만 고민을 들으면

들을수록 친구들은 점점 나에게 고민을 털어놓지 않았다. 나의 문제점은 친구들이 정확히 원하는 걸 몰랐던 경우가 많았다는 것이다. 어떤 친구는 공감을 원했고 어떤 친구는 실제 해결책을 원했다. 하지만 대부분 친구는 공감을 원했던 것 같다. 나는 공감보다는 해결책 위주로 고민을 들어줬다.

학생 때의 고민은 친구들과의 관계 고민이 많았다. 그래서 해결책보다는 '자신의 편'이 필요했다. 그래서 더 공감이 필요했다. 나는 그것도 모르고 매번 '누가 잘못한 것 같다.'라면서 해결책을 줬으니 친구들의 고민 상담이 줄어든 건 당연한 결과였다.

성인이 된 친구들의 고민은 조금 달라졌다. 실제 해결책을 원하는 고민이 많아졌다. 가끔은 상사의 관계에 대해서 말하면서 공감을 바라기도 한다. 이제는 그때 공감을 해주고 해결책을 원하는 고민은 내가 공부한 범위에서 해결책을 제시해준다.

어떤 친구는 직장을 그만두고 자신의 사업을 하고 싶어하는 친구가 있었다. 주변에 이런 이야기를 하면 "무슨 사업이야! 평범하게 회사 잘 다니면서 돈 모아서 결혼해야지!"라는 소리만 듣는다고 했다.

나는 그때 1인 창업과 자신의 업을 만드는 과정에 대해 배우고 공부하고 있었다. 그래서 당연히 창업에 대해서 관심도 많았다. 1인 창업을 알기 전에는 나도 카페나 패스트푸드점 같은 자본이 드는 창업에 관심이 있었다.

그래서 내가 알아본 창업에 대해 알려주었더니 너무 반가워했다. 자기도 카페 창업도 알아보고 실제 견적도 받아봤다면서. 집 앞에 카페는 견적이 어떻고 음식점은 견적이 어떻고 정말 자세하게 알고 있었다. 내가 더 배울 수 있었다. 열심히 이야기하면서 나는 요즘에는 돈이 들지 않는 창업도 많다고 알려주었다.

친구는 한 직장을 오래 다녔다. 회사에서 진급해서 직급까지 달고 있었다. 하지만 어느 회사를 가나 똑같을 것 같다고 했다. 그래서 회사보다는 자신이 좋아하는 일을 하며 살 수 있도록 창업을 원했다.

나는 그래서 창업에도 여러 가지가 있는데 지식 창업도 있다고 알려주었다. 자신이 경험했던 것을 요즘은 팔고 남들에게 알려주면서 돈을 번다고 했다. 예를 들어서 스마트 스토어의 지식을 알려주면서 책도 내신 '신사임당'님을 이야기했다.

그리고 나도 스마트 스토어 책을 사서 읽었고 그 부분에 대해 자세히 이야기했다. 친구도 스마트 스토어에 관심이 많았다. 스마트 스토어에 대해 서로 이야기하다 보니 방향이 정해진 듯했다. 정말 고맙다면서 오늘 만나서 이야기해서 너무 즐거웠다고 했다.

나는 집으로 돌아와서 카톡을 받았을 때 기분이 좋았다. 내가 직접적인 문제를 해결해주진 못했지만, 내가 공부하고 책을 읽어서 얻은 지식을 나눠줬다는 기쁨이 있었다. 친구는 그렇게 스마트 스토어를 시작했다. 현재도 본인이 잘하면서 좋아하는 일을 찾기 위해 또 다른 창업에 도전하고 있다.

나는 친구에게 창업은 가설 실험의 과정이라고 설명해줬다. 창업의 뜻은 '스스로 업을 만든다'이다. 스스로 업을 만들기 위해서는 세상이 무엇을 원할지 생각해보고 한번 만들어보고 팔아보는 실험의 과정이라고 배웠다.

친구는 이 설명을 듣더니 "너무 어렵게만 생각했던 창업의 벽이 조금은 낮아졌다."라고 했다. "나도 스마트 스토어를 하면서 여러 가설을 실험해보고 싶은 기분이 들었어!"라고 하면서 공부를 하기 시작했다.

친구는 본인의 무기를 찾고 공부하기 시작했다. 찾은 무기로 창업을 했다면, 나중에는 지식 창업에 대해서 알려주면 파이프라인이 여러 개로 구축될 것 같아서 기분이 좋았다.

직장인들의 고민은 현실적이었다. 나는 주변 친구들의 고민을 현실적으로 들어주고 같이 해결해주려고 노력했다. 그러다 보니 친구들은 나와의 만남이 즐거웠다고 항상 했다. 물론 만나고 나서 헤어짐의 인사라고도 생각한다. 하지만 다시 만났을 때 또 다른 고민을 털어놓는 친구를 보면 나는 뿌듯했다.

내가 다니는 직장에서도 꾸준히 취미로 유튜브를 하는 친구가 있었다. 친구는 취미로 꾸준히 게임 유튜브 채널을 운영하지만, 수익이 나지 않아서 가끔은 지친다고 했다. 그래도 취미로 시작한 유튜브에는 꾸준히 영상을 올리고 있었다.

친구의 영상을 본 나와 구독자들은 "영상 편집 기술이 너무 좋다. 썸네일도 잘 만들고 혼자 공부해서 이 정도 했으면 정말 잘한다."라고 칭찬해줬다. 나는 사람들에게 영상 편집을 알려주면 어떠냐고 물어봤다. 물론 본인의 구독자 수가 많지는 않지만, 유튜브를 처음 하는 사람에게는 영상 편집이나 컷 편집기술은 배우고 싶은 기술이기 때문이다.

실제로 어떤 유튜버분은 본인의 이야기를 올리면서 유튜브를 시작하는 사람들을 모아서 사업을 해보려고 했다. 컷 편집도 알려주고 유튜브에 대해 기본적인 것을 알려주는 사업이었다. 실제로 사람이 모이는 것을 본 나는 사업의 수요는 있다고 생각했다.

그래서 친구에게 유튜브를 시작하는 사람들을 대상으로 하는 편집 강의를 시작해보는 것을 추천해줬다. 나도 실제로 유튜브를 시작하면서 친구에게 많이 배웠다. 자막 넣기부터 수정까지 그리고 동영상 편집에 대한 자세한 팁까지 배울 수 있었다.

나와 같은 왕초보에게는 엄청난 도움이 되었다. 나와 같이 유튜브를 처음 시작하는 사람들에게는 도움이 될 만한 지식이었다. 그래서 추천하게 되었다. 추천을 받은 친구는 진지하게 고민하더니 주변 사람들에게 무료로 강의를 해보고 찾는 사람이 많아지면 수익을 내보고 싶다고 한다.

이렇게 주변 친구들과 사람들의 고민을 들어주고 해결해줬다. 그러다 보니 자연스럽게 내 주위에 사람이 모였다. 고민을 상담하러 오는 사람도 많았지만, 가끔은 이야기만을 원하는 사람도 많았다. 사람들과 어울리기 좋아하는 나는 주변에 사람이 모이니 행복했다.

내가 공부해서 알려주고 문제가 해결되는 상황을 보는 건 더 짜릿했다. 내가 좋아하는 일로 주변 사람들의 고민을 해결해주니 주변에 사람이 모이는 건 당연했다. 주변에 선한 영향력을 행사하는 사람이 있으면 누구나 그와 친해지고 싶기 때문이다.

물론 공부한 것으로 돈을 버는 게 먼저일 수 있다. 하지만 주변 사람들에게 나눔이 먼저라고 생각한다. 자신만의 무기로 주변 사람들에게 도움을 주었을 때 자연스럽게 사람들이 모이기 시작한다.

『타이탄의 도구들』에서는 진정한 팬 1,000명을 모으라고 한다. 진정한 팬을 모으면 먹고사는 데는 지장이 없다고 표현한다. 주변에 도움을 주다 보면 진정한 팬을 모으는 건 어렵지 않다.

주변 사람들의 고민을 진정으로 들어주고, 같이 고민해보고 해결책을 주자. 나의 무기로 고민을 해결해준다면 그 친구는 나의 진정한 팬이 될 수 있다. 주변에 사람이 모여야 무슨 일을 해도 빛이 난다.

07

나는 행복을 주는
행복 전도사

주위에는 옆에 있기만 해도 마이너스 에너지를 주는 친구가 있고, 플러스 에너지를 주는 친구가 있다. 나는 예전에는 전자에 가까웠다. 모든 일이 안 풀린다고 생각했고, 부정적인 생각이 가득했다. 그런 생각을 갖고 있다 보니 주위에도 마이너스 에너지만 줬다.

친구들이 어떤 생각을 이야기하면 자연스럽게 부정적으로 보기 쉬웠다. 무조건 안 되는 쪽으로만 생각했다. 나의 부정적인 기운을 주변에 옮기고 있었다. 그러다 보니 내 주위에는 같은 마이너스 에너지를 가진 사람들만 모였다. 끼리끼리라고 하지 않았던가.

점점 일이 안 풀리다 보니 나는 생각을 했다. '일이 정말 잘 풀리는 사람들과 내가 다른 점이 뭘까? 그들은 어떻게 하길래 모든 일이 다 잘 풀릴까?'라는 고민을 했다. 일이 항상 잘 풀리는 친구들을 옆에서 관찰했다. 그들의 답은 하나였다. 긍정적인 생각이었다.

생각보다 별거 없었지만, 결과는 뚜렷하게 달랐다. 나는 일이 조금만 틀어져도 포기하기 쉬웠고, 안 되는 방향만 생각하기 쉬웠다. 하지만 그들은 지금 상황에서 해결할 방법만 찾았다. 나는 그들에게 배워 나의 행동을 바꾸자고 생각했다. 그러다 보니 실제로 할 수 없었을 것 같았던 일들을 해냈다.

나의 첫 책 『누구나 이유 없이 행복해질 수 있다』가 출간되고 많은 사람에게 홍보하고 싶었다. 그래서 서평단 이벤트를 모집했다. 그동안 블로그, 인스타에서 여러 사람과 소통했다고 생각해서 수월하게 각각 스무 명을 모을 수 있을 것 같았다.

이벤트 모집 글을 올리고 3일이 지났다. 실제로 신청자는 세 명 정도밖에 없었다. 나는 예전과 같았으면 쉽게 포기했을 것이다. '책을 내면 많은 사람들이 알아서 읽어주겠지, 아직 모집 기간이 11일이나 남았으니까 남은 기간 동안 모두 모이겠지.'라는 생각과 함께.

하지만 지금은 생각을 다르게 했다. 어떻게 하면 스무 명을 모을 수 있을지만 생각했다. 결론은 내가 직접 홍보해야 한다는 것이었다. 그래서 나는 서평 이벤트에 참여했던 블로그를 돌아다니면서 나의 책을 홍보했다. 매일 100개에 가까운 블로그를 돌아다녔다.

처음에는 노하우가 없어서 서평단 이벤트 글을 쓴 모든 블로그에 들어갔다. 홍보를 하다 보니 어떤 블로그에서는 광고성으로 차단을 당했다. 그때 깨달은 점은 서평을 쓴 블로그만 계속 서평을 쓰는 것이었다. 그래서 한 번 홍보를 한 블로그에는 홍보하지 않으려고 적어두기까지 했다.

그렇게 10일 동안 발로 뛴 결과 나는 40명 이상의 서평단 인원을 모집할 수 있었다. 거의 70명에 가까운 사람들이 모집됐다. 블로그에 인스타 주소도 같이 홍보하니 인스타에도 사람들이 많이 모였다. 내가 직접 모은 사람들이기에 모두에게 나의 책을 보내줬다.

나의 목표는 100명이었다. 목표가 모이지 않아서 안타까웠다. 모집 기간이 끝나고 메일이 왔다. 본인 개인 카페에서 서평단 이벤트를 하고 싶다는 연락이었다. 그 카페에서 또 열 명의 인원이 모였다. 나는 나의 친구들에게 홍보하며 서평을 적어달라고 부탁했다. 그렇게 해서 나는 총인원 100명에 가까운 사람들을 모집할 수 있었다.

정말 된다고 생각하니 결국 이루어졌다. 되는 방법을 찾고 단순하게 실천했다. 예전에는 '귀찮게 무슨 그런 일까지 해야 해.'라는 생각에 아무것도 하지 않고, 아무 일도 일어나지 않았을 것이다. 하지만 직접 생각을 바꾸고 행동하니 목표를 이룰 수 있었다.

나는 이때부터 점점 바뀌었다. 첫 책을 쓰면서 이미 많이 바뀌었던 것 같다. 첫 책을 쓰면서도 '내가 책을 쓸 수 있을까?'라는 생각이 강했지만, 그것을 이겨내고 책을 쓰고 출간이 되었기 때문이다.

첫 책이 심지어 행복에 관련된 책이다 보니 나는 행복에 대해 더 연구하고 책을 읽었다. 자연스럽게 행복하기 위해서 노력하고 있었다. 그러자 나는 주위에 플러스 에너지를 주는 사람으로 바뀌고 있었다.

마이너스를 가진 사람들만 주위에 모이던 나에게 플러스 에너지를 가진 사람들이 모이니 매일 행복했다. 그런 사람들끼리 모이면 안 될 것 같은 일도 결국 되는 방법을 찾아서 해냈다. 서로의 꿈을 응원해주고 긍정적인 에너지만 주고 있었다.

주변에 마이너스 에너지를 가진 친구들을 플러스 에너지로 바꿔주고 싶었다. 그들의 상황에 맞는 책을 추천해주고 그들이 바뀌길 진심으로 기도했다. 부정적인 생각을 하고 있었던 나도 바뀌었기 때문에, 그들도 충분히 바뀔 수 있다고 생각했다.

하지만 모두가 바뀔 수 없다고 깨닫는 건 그리 오래 걸리지 않았다. 나처럼 바뀌는 친구들도 있었지만, 어떤 친구들은 책을 추천해줘도 조금 읽고 "나는 원래 책을 읽지 않아서 책이 재미가 없어."라면서 금방 포기하는 친구들도 있었다.

나는 친구들에게 책을 하루에 10분만 읽어도 된다면서 이야기해주기도 하고, 나랑 하루에 열 페이지만 읽으면서 읽은 내용을 이야기하자고도 했다. 하지만 몇몇은 금방 포기했다. 그러다 보니 나도 자연스럽게 그들을 포기했다.

그들이 바뀌지 않는 것을 보니 점점 그들과 멀어졌다. 나는 주위에 행복을 주고 싶었다. 하지만 본인이 받지 않는 사람들까지 챙기기는 어려웠다. 여러 사람에게 행복을 주고 책을 선물하다 보니 금방 긍정적인 기운을 가진 사람들이 모였다.

친구들에게 책을 선물하는 것이 가장 쉽게 행복을 선물하는 것이었다. 친구들의 상황을 듣고 상황에 맞는 책을 선물하려고 노력했다. 그러다 보니 나도 자연스럽게 여러분야의 책을 많이 읽었다.

친구들에게 맞는 책을 추천해주다 보니 깨달은 점이 있었다. 결국 비숫한 상황에 있는 사람들은 비슷한 고민을 한다는 것이었다. 내가 취업 준비생이 되었을 때 했던 고민을 취업을 준비하는 사람들은 모두 하고 있었다. 그래서 내가 그때 읽었던 책들을 추천해주고 긍정적인 방향으로 친구들을 이끌었다. 그러다 보니 자연스럽게 주변에 행복을 주는 행복 전도사가 되어가고 있었다.

행복 전도사가 되고 나서 나의 행복도 올라갔다. 친구들에게 행복을 전할 수 있는 생각만 하다 보니 나의 머릿속에는 행복한 생각으로 가득 찼다. 실제로 남의 행복을 빌어줄 때 내가 가장 먼저 행복해진다는 연구 결과도 나왔다.

행복 전도사가 되는 것은 어렵지 않았다. 어떤 일이든 되는 방향으로만 생각하고 실제로 되는 방법만 찾았다. 그렇게 내 일을 처리하다 보니 주변 사람들이 가진 문제들도 자연스럽게 되는 방법만 찾아주었다. 친구들의 문제도 해결해주고 긍정적으로 분위기를 바꾸다 보니 자연스럽게 나는 행복을 주는 행복 전도사가 되어 있었다.

주변에 긍정적인 에너지를 주는 친구가 있다는 것은 엄청난 행운이었다. 그 에너지가 옮아서 나도 긍정적으로 바뀔 수 있기 때문이었다. 나는 어릴 때 마이너스 에너지를 가진 사람들에게 옮아 자연스럽게 마이너스 에너지를 가졌다. 내가 바뀌고 긍정적인 에너지를 주자 사람들도 자연스럽게 긍정적인 에너지를 갖게 되었다.

주변에 긍정적인 친구가 없다면 내가 먼저 바뀌면 되었다. 내가 바뀌면 주변 사람들도 점점 긍정적인 사람들로 바뀌기 시작했다. 행복을 주는 친구가 없다고 불평하지 말고 내가 직접 행복을 주는 친구가 되어보는 것도 좋다. 많은 사람들이 나처럼 주위에 행복을 주는 행복 전도사가 되었으면 좋겠다.

3장

우리는

행복을
배워야
합니다

01

지금이
인생의 전부는 아니다

학창 시절에는 그 시간이 인생의 전부인 것 같다. 시험을 못 보면 너무나 고통스럽다. 시험에 목숨을 거는 사람도 많았다. 물론 시험에 목숨 걸지 말고 못 보라는 소리가 아니다. 시험을 못 봤어도 지금, 이 순간이 전부는 아니라는 소리이다.

수능 시험은 특히나 더 그렇다. 수능을 본 지 10년이 넘었지만, 11월 초만 되면 아직도 마음이 싱숭생숭하다. 수능이 다가오면 차가워진 날씨만큼 주변 분위기도 차가워진다. 무언가를 하기에 눈치가 보인다.

나는 어릴 때 대학이 전부라고 생각했다. 좋은 대학을 가야만 평생 행복하게 살 수 있을 것 같았다. 흔히 말하는 금수저, 다이아몬드 수저 같은 사람들과는 출발선이 달라서, 대학으로 출발선을 맞춰야 하는 줄 알았다.

그렇게 재수와 삼수를 하면서 좋은 대학에 가려고 노력했다. 재수와 삼수를 하며 수능이 끝난 날에는 세상이 끝나는 것 같았다. 수능을 보고 나오면 세상이 노랗게 보였다. 나는 시험을 잘 못 본 것을 본능적으로 알았다. 주변에서 시험을 잘 본 사람은 시험 보고 나왔을 때 세상이 그렇게 파랗게 보인다고 했으니….

수능을 보는 친구들에게 알려주고 싶다. 꼭 대학이 전부는 아니니까 포기하지 말라고. 주변에서는 대학이 전부라고 말하는 것 같아도 인생이라는 마라톤은 길다고. 수능을 못 봐서 너무 힘들어하지 않았으면 좋겠다고.

나는 이제 대학이 전부가 아니라는 사실을 깨달았다. 물론 지금도 대학은 중요하다. 대학이 많은 선택의 기회를 주는 것은 맞다. 하지만 인터넷 강사님들도 대학이 전부라고는 말하지 못한다고 한다. 꼭 좋은 대학을 나와야 돈을 잘 벌고, 좋은 직장에 취직이 보장되는 사회는 아니다.

외국의 사례만 봐도 그렇다. 외국에 유명한 사람들도 대학을 다니다가

자퇴를 하는 경우도 많다. 스티브 잡스는 부모님의 저축을 대학교에 전부 투자할 만큼 가치 있다고 느끼지도 않았다. 그렇게 대학교를 중퇴한다. 빌 게이츠도 대학교를 중퇴했다. 마찬가지로 페이스북 창시자 마크 저커버그도 대학을 중퇴했다.

대학을 꼭 나와야 책을 쓰고 유명한 사람이 되는 것은 아니다. 유명한 기업 애플과 마이크로 소프트, 페이스북 창시자들도 대학을 나오진 않았다. 실제로 연예인들도 대학을 나오지 않은 사람도 많다. 본인이 좋아하는 길을 좇다 보니 유명해지고 세계 최고가 되었다. 주변에서 창업에 성공한 사람들만 봐도 대학교를 나와서 성공한 사람보다는 고등학교만 졸업한 사람들도 많다.

자연스럽게 요즘은 자기 계발 붐이 불었다. 코로나19로 인해 비대면이 자연스러워졌고, 집에만 있는 생활이 많아졌다. 온라인 교육 시장이 커질 수 있는 상황이 마련되었다. 자기 계발을 하는 사람에게는 엄청 좋은 시기가 되었다. 인원 제한으로 회식은 취소되고, 영업 제한으로 회식도 일찍 끝났다.

코로나19 시대가 되면서 자기 계발을 하는 사람과 안 하는 사람의 차이는 명확해졌다. 이전에는 중간이 있었는데 이제는 하거나, 안 하거나로

완전 극과 극이 되었다. 자기 계발을 북돋아 주는 유튜버는 자기 계발과 독서는 빡세게 해야 한다고 알려준다. 책에서도 세상이 어려워질수록 줄 세우기가 쉽다고 했다. 그만큼 자기 능력을 키우는 게 중요한 시대가 되었다. 세상이 빠르게 변하는 만큼 현재에 머무르면 금방 뒤처진다.

직장 생활이 시작되면 직장 생활이 인생의 전부인 줄 알았다. 회사 야근을 하면서 상사에게 잘 보이려고 했다. 나를 중심에 두기보다는 항상 회사가 중심이었다. 입사 초반 1년 동안은 친구들을 만나지 못할 정도로 바쁘게 다녔다. 직장에 헌신하면 평생 안전한 삶이 보장되는 줄 알았다.

하지만 회사생활도 불안의 연속이었다. 내가 취업한 회사는 제약회사의 공무원으로 불렸다. 안정적으로 정년까지 다닐 수 있다고 해서 붙여진 별명이었다. 주변에서는 정년 이후에도 다닐 수 있는 직장이라고 좋아했다. 하지만 점점 상황이 바뀌었다. 정년 이후로 다니던 사람들이 모두 퇴사하게 되었고, 정년이 아닌 사람은 퇴사 권고를 받고 나가게 되었다. 공무원으로 불리던 안정적인 직장이 불안정해졌다.

과거에는 하나의 직장으로 집도 사고 차도 사고 가족들과도 생활할 수 있었다. 하지만 요즘에는 하나의 직장으로 가족들과 살기에는 집은 힘들고 차도 힘든 경우도 있다. 자연스럽게 N잡의 시대가 열렸다.

예전에는 아나운서 같은 경우에는 아나운서의 길만 걸었다. 요즘에 아나운서분들은 개인 유튜브 채널도 운영하고, 본인의 경험과 지식을 살려 책을 쓴다. 그렇게 아나운서, 유튜버, 작가 등 여러 가지 직업을 가지고 있다.

직장을 다니는 친구들도 마찬가지다. 직장을 다니는 '본캐'와 집에 오면 다른 '부캐'로 접속한다. '부캐'가 여러 가지 있는 경우도 있다. 나도 직장을 나오는 순간 '본캐'는 로그아웃된다. 동시에 '부캐'의 생활이 시작된다. 나의 '부캐'는 유튜버, 작가, 블로그, 인스타그램 등 다양하게 운영하고 있다.

N잡의 시대가 열리면서 만능 재주꾼이 환영받는 시대가 되었다. 과거에는 하나만 잘하는 장인이 필요했다면 요즘은 다재다능한 사람이 살아남는 시대가 되었다. 물론 하나만 뛰어나게 잘해서 1등이 된다면 상관없다. 하지만 평범한 사람들은 하나만 특출나게 잘해서 1등이 되긴 쉽지 않다.

과거에는 재테크가 관심의 영역이었다면, 현재에는 재테크가 필수의 영역이 되어가고 있다. 요즘 부동산과 주식 열풍이 부는 것은 당연해 보인다. 필수의 영역이 되다 보니, 직장에 처음 들어간 신입사원들은 주변을 보고 초조해진다. 이제 시작하면 늦은 것 같고, 마음도 다급해진다. 자기에게 맞는 투자가 무엇인지 모르고 주변에서 좋다니까 하기 시작한다.

나는 본인에게 맞는 투자 방법을 찾았으면 좋겠다. 나도 주변에서 '주식을 해야 한다. 회삿돈으로는 평생 먹고살기 힘들다. 회사만 다녀서는 집도 차도 사기 힘들다.'라는 말을 많이 들었다. 그렇게 주변 소리에 시작한 주식은 나의 주식계좌에 파란불만 보게 했다. 내가 직접 공부하지 않고 시작한 주식은 내가 결정할 수 있는 게 없었다. 주변에서 팔라고 하면 팔아야 하는 것 같았다. 그러다 보니 주식계좌는 자연스럽게 마이너스를 향하고 있었다.

주식도 부동산도 결국엔 공부라는 것을 깨달았다. 회사에 들어가자마자 주변 소리에 주식계좌부터 만들기보다는 어떻게 해야 하는지 천천히 공부하라고 알려주고 싶다. 나처럼 공부 없이 시작한 주식으로 파란불을 보지 않았으면 좋겠다.

나는 현재에 힘들어서 인생을 포기하지 않았으면 좋겠다. 지금이 인생의 전부는 아니라고 생각한다. 인생이라는 긴 마라톤을 봤을 때 지금은 성장통을 겪고 있는 순간이다. 물론 현재가 가장 어렵다. 수능을 치르는 학생은 대학교가 전부인 것 같고, 대학교에 다니는 학생은 취업이 인생의 전부인 것 같다.

인생의 중심을 외부로 돌리면 우울해진다. 인생의 중심은 내가 되어야 한다. 요즘 N잡이 유행하는 이유는 본인이 원하는 직업을 찾지 못해서인 것 같다. 여러 가지 일을 해보면서 본인이 제일 좋아하고 잘하는 일을 찾아가는 과정이라고 생각한다.

현재를 인생의 전부라고 생각하지 말자. 단지 내가 좋아하는 일을 찾아가는 과정이라고 생각하자. 인생이라는 긴 마라톤 끝에는 결국 행복한 내가 있을 것이다.

02

다들 쉽게만 사는
사람은 없다

인생엔 정답이 없다. 그래서 정답이 있는 시험지보다 어려운 게 인생인 것 같다. 누구는 인생을 쉽게 사는 것 같지만, 그들도 그들만의 고민이 있다. 어린이집에 다니는 마냥 행복해 보이는 아이에게 고민을 물어봐도 다양한 고민이 나온다. "친구랑 친해지고 싶은데 잘 모르겠어요. 나는 저 친구가 좋은데, 저 친구는 날 싫어해요.", "나는 맛있는 음식만 먹고 싶은데 엄마가 자꾸 맛없는 채소를 줘요." 등등 아이들의 고민이 엄청나게 많다.

아이들의 고민도 많은데 다 큰 성인들의 고민은 얼마나 많을까? 최근

MZ세대가 코로나19 시대에서 인생에서 포기한 순위를 조사했다. 1위는 취업, 2위는 인간관계였다. 충격적인 사실이지 않은가?

많은 사람이 인간관계에 대해서 고민을 많이 한다. 그리고 주변 사람들에게 자신의 이야기를 하면서 해결책을 알려달라고 한다. 많은 사람들은 주변 사람들에게 고민 상담을 한다. 그러다 보니 재능을 파는 인터넷 사이트 '크몽'에는 고민 상담을 들어주는 판매자도 생겼다. 소비자는 돈을 내고 나의 고민을 이야기한다. 그만큼 다양한 고민거리가 있고, 고민을 해결하고 싶어하는 사람도 많다.

인간이 가장 많이 하는 고민은 크게 4가지로 분류할 수 있다고 한다. 1. 돈, 2. 비전, 3. 인간관계, 4. 건강. 이것에서 크게 벗어나지 않는다고 한다. 가장 많이 하는 고민에도 인간관계가 들어간다. 그래서 그런지 요즘 세대들은 그냥 포기했다. 사람들과 교류하는 것을 포기하고 집에서 유튜브를 보거나, 나 혼자 하는 취미나 게임이 대세가 되어가고 있다.

나는 행복에 관해 첫 책을 썼다. 그 책을 읽은 내 주위 사람들은 나에게 고민 요청을 하기 시작했다. "지금 저는 너무 힘든데 작가님은 힘든 상황을 어떻게 극복하셨나요?"라고 물어봤다. 어떤 힘든 상황인지 들어볼 수 있냐고 물어봤더니, 인간관계였다.

인간관계에는 정답이 있다고 생각하지 않는다. 하지만 나는 일차적으로 공감을 먼저 해준다. 아주 힘들었기에 나에게 털어놓았을 것이고, 주변 사람들을 찾아갔을 것이다. 공감한 후 해결책을 넌지시 말해준다. 해결책을 듣고 싶어하는 반응이 아니면 해결책을 제시하기보단 공감에 초점을 맞춘다.

그러다 보니 자연스럽게 나에게 고민 요청을 하는 사례가 많아졌다. 사람을 좋아하고 상대방의 문제를 해결해주는 것을 좋아하는 나로서는 행복한 날이 많아졌다. 하지만 사람들이 고민이 없어서 나를 찾아오지 않았으면 한다. 나는 행복하지만 찾아오는 상대방은 힘들어 하는 게 보이기 때문이다.

힘들어하는 사람들의 대부분은 연애문제이다. 연애는 어릴 때부터 힘든 분야인데, 성인이 된 지금도 여러 사람을 괴롭힌다. 나는 어릴 때부터 이성 친구들에게 연애 상담을 많이 들어줬다. 내가 연애를 많이 해보진 않았지만, 상담이 들어오면 '내가 그 상황이라면…'라고 생각을 해봤다. 그리고 내가 취했을 행동을 말해주면 대부분 맞았다. 남자들은 대부분 비슷했다.

하지만 나도 연애로 힘들어서 주변 친구들에게 고민 상담을 수없이 많이 했다. 남자들은 잘 알았어도 여자들의 마음은 도통 몰랐다. 나중에는 깨달았다. 여자들의 마음을 이해하기보다는 다 맞춰주는 쪽으로 선택했다. 한쪽이 맞춰주니 연애를 하면서도 싸움이 많이 줄었다. 그러다가 맞춰주는 쪽이 포기하게 되면 연애는 끝이 났다. '항상 맞춰주던 사람이 맞춰주지 않으니 변했나?'라는 생각과 함께 서로 이별을 준비하게 됐다.

항상 맞춰주던 사람은 가끔 지칠 뿐이다. 그런지도 모르고 계속 맞춰달라고 하다 보니 자연스럽게 서로의 관계가 흔들리기 시작한다. 그렇게 서로 "우리는 안 맞나 보다."라고 하며 이별을 택한다.

나는 많이 맞춰주는 입장으로서 이별에도 미련이 없었다. 최선을 다해 좋아하고 사랑했다. 그리고 상대방에게 최대한 맞춰줬다. 그러다 보니 헤어질 땐 미련이 많이 남지 않았다. 헤어질 때 결국 웃는 사람은 더 많이 표현한 사람이라는 말을 깨달았다.

어느 날 친한 동생에게도 연락이 왔다. "혹시 고민 상담 괜찮아요?" 나는 당연히 반겼다. 그리고 물어봤다. 어떤 고민이 있는지. "이별해서 너무 힘든데, 주변 모든 게 무너진 것 같을 때 어떻게 극복했어요?"라고 물었다.

나의 해결책은 간단했다. 내가 재수 삼수에 실패해서 정말 주변이 무너졌을 때가 있었다. 심적으로도 힘들고 주변 상황도 부정적으로 보였다. 그때 깨달은 건 나를 제일 편안하게 해주는 장소를 찾는 것이었다. 나는 그게 바다였다. 그래서 부산 바다를 내려간 것이다.

바닷가를 걷거나 보면서 생각 정리를 하면서 내 감정을 털어냈다. 친구에게도 똑같이 알려줬다. 하지만 친구는 당일로 바닷가를 보고 와서 다시 집으로 돌아오니 힘들다고 했다. 나는 감정을 털어내거나 나를 충분히 돌아볼 시간만큼 여행을 떠나보라고 권유했다. 나도 힘들 땐 내 감정이나 생각을 다 털어낼 만큼 바닷가를 보며 정리하고 온다.

정말 생각이 너무 많아서 힘들 땐 이런 방식이 통하지 않는다. 그럴 땐 몸을 움직이는 활동을 해야 한다. 생각 없이 움직일 수 있도록 나는 등산을 추천한다. 2~3시간 짧은 등산이 아닌 온전히 하루를 써야 하는 등산이 좋다. 올라가고 내려가느라 생각할 시간이 없다. 그리고 집에 돌아오더라도 녹초가 돼서 생각할 시간이 없다. 그렇게 자연스럽게 천천히 익숙해지거나 잊어가는 것이다.

외국에서도 자식을 잃거나 가족을 잃는 사고를 당한 사람에게 줄 수 있는 해결책은 마트에 가서 일하라고 권유한다고 한다. 많은 생각을 하지 못하도록, 쉴 새 없이 움직일 수 있는 일자리를 구해서 두세 달 일을 권유한다. 너무 힘들어서 집에 오면 녹초가 될 수 있는 일자리면 더욱 좋다.

생각이 꼬리에 꼬리를 물면서 사람들을 괴롭힌다. '내가 그때 그러지만 않았더라면…, 내가 조금만 잘했더라면…' 하고. 우울한 생각이 들면 혼자 방 안에 있는 시간을 피하는 게 좋다. 우울이란 감정은 끝까지 나를 물고 늘어지며 괴롭힌다.

나는 우울함이 찾아왔을 때는 무조건 사람이 많은 곳으로 향한다. 커피숍이어도 좋고 시장이어도 좋다. 바쁜 삶 속에 섞여 있으면 사람들을 구경하면서 기분이 나아진다. 자기만의 우울한 감정을 이겨내는 방법을 찾으면 좋다.

나처럼 사람들이 많은 공간에 가거나 바닷가를 보러 가도 좋다. 하지만 사람들이 많은 공간에 가면 에너지를 뺏기는 사람들도 있다. 그런 사람들은 방 안에 혼자 있기보다는 운동을 하면 좋다. 달리기나 등산, 가벼운 운동도 괜찮다. 가벼운 운동이 우리의 기분을 확실하게 전환해줄 것이다.

어린 아기도 다 큰 어른도 쉽게만 사는 사람은 없다. 인생이 2회차인 사람이 없듯이 모든 인생에는 정답도 없다. 우리는 인생이라는 하얀 도화지를 받았다. 하얀 도화지에는 우리만의 이야기로 채워가야 한다. 어떤 사람도 나의 인생을 대신 살아주지 않고, 남들에게 그렇게 많은 관심도 없다.

인간관계로 너무 힘들 필요는 없다고 생각한다. 나와 맞지 않는 사람들은 결국 주변에서 멀어지게 되어 있다. 나중에 내가 힘이 들어 뒤돌아볼 때 곁에 서 있는 친구 한두 명이면 충분하다고 생각한다.

나도 어릴 땐 친구가 많은 게 마냥 좋은 줄 알았다. 하지만 속 깊은 이야기를 나눌 수 있는 친구 한두 명이면 충분하다. 나의 에너지를 충분히 쏟을 수 있는 친구들만 남기고 인간관계에서 상처 받지 말자.

우리는 행복을
배워야 합니다

"여러분은 언제 가장 행복하신가요?" 우리나라 사람들은 지금 행복하냐는 질문을 받으면 대부분 행복하다는 대답이 바로 나오지 않는다. 처한 상황이 행복하지 않거나 남들보다 힘들다고 생각하기 때문이다.

대학교 때 교수님께서 연설을 잘하는 사람의 영상이라며 김창옥 교수님의 영상을 보여주셨다. 내가 본 영상의 교수님은 남을 행복하게 해주고 행복에 관해서 이야기하셨다. 영상 중간중간에 유머를 정말 잘 쓰시고, 모두를 웃겨주셨다. 난 그래서 '아, 저렇게 남에게 행복을 주시는 분은 얼마나 행복할까? 매일 새로운 사람들에게 본인 이야기를 하시면서 사는 삶은 행복할 거야.'라고 생각했는데, 충격적인 이야기를 들었다.

김창옥 교수님은 토크 콘서트를 진행하신다. 진행하시던 토크 콘서트에서 어떤 학생이 이야기했다. "교수님은 행복해 보이지 않는다."라고. 그 말을 들으신 교수님은 화가 나셨다고 했다. 처음엔 무례해서 화가 난 줄 알았는데, 생각해보니 정곡을 찔린 것 같아서 화가 나셨다고 이야기하셨다.

김창옥 교수님은 행복해 보이지 않은 건 문제가 아니라고 했다. 하지만 행복한지 너무 오래된 게 문제라고 하셨다. 사실 본인도 알고 계셨지만, 본인의 문제를 마주하니 힘들었다고 하셨다. 그렇게 제주도에 내려가서 '나'를 돌아보는 시간을 가지셨다. 교수님께서는 "다른 사람들을 도와주며 지냈지만, 정작 나하고는 사이가 안 좋구나."라고 말씀하셨다.

나는 '나'를 돌아보는 시간을 가져야 한다고 생각한다. '나'를 돌아보는 시간에는 내가 무엇을 하면 행복한지 찾아가야 한다. 사람들은 보통 여러 음식을 먹어보면서 본인이 무슨 음식을 좋아하는지 깨닫게 된다. 행복도 똑같다. 내가 뭘 하면 행복한지 깨닫는 것은 여러 가지 일을 해보면서 내가 행복한 순간을 찾아야 한다.

그렇게 자신이 어떤 일에 몰두하면 행복하고 진짜 '나'를 찾을 수 있는지를 알아야 한다. 어떤 사람은 레고를 조립하면서 행복을 느낀다. 그 순간에는 다른 모든 일을 잊고 레고에만 집중한다. 레고를 조립하다 보면 너무 재밌어서 행복하다고 한다. 반대로 다른 사람은 레고 조립이 재미없고 행복하지 않을 수 있다. 하지만 본인만의 행복해지는 법을 찾은 사람은 정말 큰 행운이다.

많은 사람들이 힘들고 어려운 일을 마주했을 때, 본인만의 행복을 찾는 법을 몰라서 점점 늪에 빠지고 만다. 그 늪은 생각보다 깊어서 한 번 빠지면 쉽게 나오지도 못한다. 나는 그래서 행복을 배워야 한다고 생각한다.

행복을 배우는 방법은 어렵지 않다. 본인의 취미를 찾는 여정을 떠나도 된다. 지금 상황이 힘들다면 상황에 맞는 강연을 듣는 것도 방법이다. 내가 아는 작가님은 육아 스트레스가 있었다고 했다. 육아 스트레스로 큰아이도 힘들고 본인도 힘드셨다. 큰아이가 화를 내거나 짜증을 내면 본인도 같이 화가 나고 짜증이 나셨다고 했다. 어떻게 그 상황을 풀어나가야 할지 몰랐다고 하셨다.

그러다가 육아에 관련된 강연을 들었다. 강연을 듣고 아이가 화를 내거나 짜증을 내는 상황이 오면 태도가 바뀌셨다. 태도가 바뀐 모습을 본 아이도 점점 태도가 바뀌었다. 그렇게 힘든 육아를 이겨낼 수 있다고 하셨다.

이렇게 본인의 상황에 맞는 강연을 듣는 것도 방법이다. 강연에서 상황을 해결하는 지혜를 얻는다면 그것만큼 행복한 것도 없다. 행복은 상대적이라 지금 이 상황만 해결되더라도 큰 행복을 느낄 수 있기 때문이다.

유독 한국의 자살률이 높다. 자살률 1위를 하던 한국이 2위를 한 적이 있다. 국가 붕괴 위기에 처한 나라가 1위를 차지했던 때이다. 그 뒤로는 다시 1위를 한다. 국가 붕괴 위기에 처한 나라보다 더 살기 힘든 나라를 보여주는 지표인 셈이다.

한국의 자살률이 높은 이유를 잘 표현한 말은 능력주의 때문이라고 한다. 정말 뛰어난 사람도 남들이 부러워하는 대학교에 입학하고 다른 선택을 하는 이유이다. 주변에서 보면 엄청나게 뛰어난 사람인데 대학교에 입학하니 평균적인 사람이 된 것이다. 그 사실을 믿을 수 없기 때문이다. '내 노력이 부족한 것이지.'라고 생각하며 본인을 탓한다.

능력으로만 보면 행복해지긴 쉽지 않다. 언제나 나의 능력보다 뛰어난 사람이 나타나기 때문이다. 내가 그 능력만큼은 제일 자신있다고 생각하지만, 정작 뛰어난 사람이 나타나면 본인은 아무것도 아닌 것처럼 느껴진다.

외국의 대학교수가 인간의 감정을 물 잔으로 표현했다. 종이컵 한 컵의 물이 든 잔을 생각해보자. 그 잔을 손에 들고 있다고 상상하자. 그 정도 무게는 무겁지 않다. 하지만 그 잔을 종일 들고 있으면 이야기가 달라진다. 무겁지 않았던 무게가 무겁다고 느껴지고 점점 손과 팔에는 마비가 온다.

우리의 감정도 똑같다. 아무리 작은 감정이라도 계속 들고 있으면 결국 몸과 마음에 마비가 온다. 아무것도 못 하게 되는 상황이 벌어진다. 작은 감정이 나를 마비시키는 것이다. 물 잔을 내려놓으면 해결되듯이 나의 감정을 털어놓으면 해결된다. 가끔 나의 물 잔을 비워내는 것이 중요하다.

나도 항상 작은 감정을 간직하고 있었다. 그러다 보니 그 감정이 점점 나를 마비시키고 있었다. 그래서 일주일에 한 번 아니면 그런 감정이 떠오를 때는 감정을 비우기 위해서 노력한다. 감정을 비우는 방법은 어렵지 않다. 나는 글로 쓰는 걸 추천한다. 글로 쓰기 어렵다면 메모장이나 블로그에 나만 보이게 글을 적는 것도 방법이다.

그 글에선 내가 느꼈던 감정이나 상황들을 거침없이 표현한다. 왜 화가 나고 짜증이 났는지, 상대방에 대한 안 좋은 이야기도 여기에 적는다. 남의 험담을 실제로 하지 않고 나만의 방법으로 풀어간다. 그렇게 물 잔을 비우듯 가벼울 때 감정을 비우면 된다.

나는 많은 사람들이 행복을 배웠으면 좋겠다. 배운다는 표현은 너무 어려울 수 있다. 본인이 행복해지는 방법을 찾았으면 좋겠다. 그래서 여러 가지 일을 해보면서 본인이 행복할 수 있는 방법을 찾아야 한다고 생각한다. 그렇지 않으면 내가 힘들 때 나를 위로해줄 사람을 찾게 된다. 진짜 위로를 해줄 사람은 내 안에 있는데도 말이다.

내가 행복할 수 있는 방법을 찾는 사람은 쉽게 무너지지 않는다. 어떤 역경이 와도 본인의 행복을 쉽게 찾을 수 있기 때문이다. 잠시 힘든 상황이 닥쳐도 그 상황에서 벗어나서 본인의 행복을 찾으러 쉽게 간다.

그리고 나의 감정을 잘 다룰 줄 알아야 한다. 가벼울 때 감정을 비우는 것과 감정을 오래 들고 있어서 나를 마비시키고 비우는 것의 차이는 크다. 가벼울 때 비우는 감정은 쉽게 비워진다. 하지만 나를 마비시킨 후

감정을 비우려고 하면 생각보다 잘 비워지지 않는다. 이미 그 감정이 나

의 일부가 되어버린 기분이기 때문이다.

04

기억의 잡동사니에서
인생의 행복을 찾다

"당신은 어떤 기억의 카테고리가 있나요?" 행복했던 일, 슬펐던 일, 화났던 일 등 사람들은 다양한 기억의 카테고리가 있다. 나의 행복한 카테고리에는 대부분 여행이 들어가 있다. 가족들과 간 여행, 친구들과 간 여행, 혼자 떠난 여행 등 다양한 여행이 나의 행복한 기억에 들어 있다.

특히 친구들과 매년 가자고 약속했던 해외여행은 너무나 재밌었다. 다른 나라에 가서 다른 나라의 먹거리를 맛 보는 게 최고 행복이었다. 나는 식탐이 강한 편이다. 그래서 친구들과 놀러 가서도 엄청나게 시켰다. 물론 그 나라의 맛있는 음식은 한국에서도 먹을 수 있다. 하지만 한국에서는 저렴한 가격에 많은 양과 다양한 음식을 먹을 순 없었다. 그리고 현지에서만 느낄 수 있는 맛이 있었다. 한국에서 아무리 따라 해도 그 맛을 느낄 순 없었다.

베트남에서 먹었던 쌀국수가 그랬다. 한국에서도 유독 쌀국수를 좋아해서 자주 먹었다. 베트남에 가서 제일 먹어보고 싶은 음식이었기에 첫 식사를 쌀국수로 했다. 한국에서 먹던 맛이랑 너무나도 달랐다. 이때 깨달았다. 아무리 한국에서 팔아도 현지 음식 맛은 또 다르다는 것을.

우리는 기억의 카테고리에서 행복의 칸을 자주 들여다봐야 한다. 슬펐던 기억이나, 화나고 우울했던 기억들은 생각보다 오래 간다. 내가 들여다보지 않아도 자꾸 나를 찾아온다. 하지만 행복했던 기억은 다른 기억들보다 빨리 잊힌다.

나는 그래서 해외여행을 가면 꼭 제일 기억에 남는 장소의 자석을 사온다. 대부분 자석은 여행했던 나라의 수도지만, 그 자석을 보면 그 나라에서 먹었던 음식과 여행했던 추억들이 떠오른다. 내 꿈은 세계 지도에서 절반 이상의 나라를 방문하여 자석을 붙여보는 게 꿈이다. 그렇게 자석을 모으다 보니 벌써 다섯 개의 자석을 모았다.

어느 날 친구가 유럽 배낭여행에 간다고 했다. 혼자 가려고 열심히 준비했던 친구는 나에게 물어봤다. "혹시 유럽 배낭여행 생각 있어?"라고. 나는 그때 학생이기도 했고, 생각보다 돈이 많이 들 것 같아서 포기했다. 갔다 온 친구는 너무나 행복했다고 한다.

나도 아직 유럽 여행을 못 가본 게 아쉬웠다. 유럽 여행은 시간을 내지 않는 이상 가기 힘든 여행이었다. 친구는 알뜰하게 6주 동안 배낭여행을 다녀왔다. 왕복 비행깃값을 포함해도 천만 원이 들지 않았다. 그 돈으로 잊을 수 없는 추억을 샀다고 했다.

여행을 좋아하는 나도 유럽 여행은 꿈이었다. 친구에게 물어보며 상상하는 게 다였다. 나는 특히 자연경관이 있는 장소를 좋아했다. 어릴 때부터 바닷가와 산을 좋아해서 그런지 여행을 다니더라도 자연이 좋았다.

유럽 여행을 다녀온 친구도 나와 여행 스타일이 비슷했다. 친구와 갔던 일본 여행에서 자연 느낌이 나는 교토가 좋았다. 주변 분위기는 조용했고, 산도 있어서 편안한 고향에 온 느낌이었다. 정말 영화나 만화에서만 보던 풍경을 실제로 보니까 더 좋았다. 편안한 분위기 속에 친구와 천천히 여행하다 보니 교토가 제일 기억에 남았다.

친구가 말해준 유럽 여행은 나에게 또 설렘과 기대를 주었다. 친구는 스위스가 가장 좋았다고 알려줬다. 스위스의 자연은 정말 아름답다면서. 반대로 생각보다 별로였던 곳은 파리라고 했다. 매일 사진으로만 보던

에펠탑이 전부였고, 주변은 생각보다 더러웠다고 했다.

먹을 때와 여행할 때 행복하던 나는 여행 가서 먹는 순간은 두 배의 행복이 찾아온다. 특히 기억에 남는 건 필리핀 여행에서 먹은 음식이었다. 생각보다 필리핀은 필리핀만의 특별한 음식이 없었다. 기억에 남는 필리핀 음식은 졸리비였다. 우리나라에는 롯데리아 같은 느낌이다.

롯데리아도 이 정도로 많지 않다. 필리핀에서 졸리비는 거의 편의점처럼 곳곳에 있다. 엄청나게 멀리 떨어진 시골에도 졸리비는 있었다. 졸리비의 세트 메뉴는 정말 저렴한데 알찬 구성이었다. 그렇기에 인기가 많은 것 같았다.

필리핀에서는 정말 많은 음식을 시켰던 적도 있다. 다섯 명이서 거의 10인분을 시켰다. 직원들은 우리가 다 못 먹으니까 양을 줄여야 한다고 했다. 우리는 당당하게 말했다. "코리안 푸드 파이터"라면서. 우리는 정말 다 먹었다. 모두 배가 터질 것 같았지만 모두에게 행복한 하루였다.

나의 여행 기억은 모두 먹는 것과 관련이 있었다. 나의 여행의 목적이 거의 먹는 것에 있다고 봐도 말이 될 정도였다. 다른 사람들은 어떤 기억에서 행복을 가졌는지 궁금했다. 대부분은 가족과 여행의 카테고리였다.

내가 생각하기에 소중한 사람들과 여행하는 순간은 그 당시에도 나중에 기억을 떠올려볼 때도 행복했다. 나도 친구들과의 여행이 매번 행복했다.

친구들과 여행을 가면 싸운다고 한다. 여행 스타일이 너무 안 맞기 때문이다. 우리는 그래서 각자 원하는 장소를 정해서 의견을 모았다. 최대한 다수결로 갔고, 부족한 부분은 하루를 자유롭게 각자의 시간을 보냈다. 각자 원하는 하루를 보내는 자유여행이 있고 나서부터는 여행의 행복이 배가 되었다.

본인이 즐기지 못했던 장소에 가거나 친구들과 맞지 않아서 가보지 못했던 장소에 가는 행복은 너무나 컸다. 그리고 온전히 나에게 집중할 수 있는 시간을 가질 수 있었다. 내가 좋아하는 자연경관을 보며 그 느낌을 천천히 즐길 수 있는 매력적인 시간을 가졌다.

우리는 그렇게 각자의 시간을 보내며 저녁에 만나서 이야기를 했다. 본인이 갔었던 장소, 가서 생긴 일들, 만난 사람들을 이야기하다 보면 금방 새벽까지 시간이 흘렀다.

여행 스타일이 맞는 친구를 한 번에 찾는 건 어렵다고 생각한다. 하지만 여행 스타일이 맞는지 아닌지는 가보지 않고서는 모른다. 그래서 꼭 해외여행 가기 전에는 국내 여행이라도 2박 3일 정도는 미리 가보는 걸 추천한다. 국내 여행에선 우정을 지킬 수 있다. 알아보지 않고 떠난 해외여행은 보통 우정이 끊어져서 돌아오는 경우가 많았다.

오랫동안 쌓아왔던 친구와의 우정을 한순간의 다툼으로 잃어버리는 건 너무나 속상한 일이라고 생각한다. 그 친구와는 여행 스타일만 맞지 않는다. 다른 취미나 취향이 비슷해서 같이 있으면 행복한 친구라는 사실을 잊지 말자.

당신의 기억의 카테고리에서 행복엔 어떤 항목이 들어 있는가? 나는 여행이 가장 많았다. 우리는 기억의 잡동사니에서 인생의 행복을 찾을 수 있다. 내가 가장 행복했던 기억이나 가족들과 함께한 순간들이 자리 잡고 있을 것이다.

그런 소중한 기억을 찾아보자. 당장 힘든 상황이 있더라도 우리의 기억 속엔 항상 행복했던 기억이 존재한다. 어쩌면 잊어버렸을지도 모르는 소중한 기억들. 나는 어릴 때 어머니께서 만들어주신 사진첩을 보면서 또 기억을 찾는다.

그렇게 웃고 행복했던 사진들을 보면서 또 생각난다. '아! 나 저 때 진짜 행복했는데….' 하면서. 생각보다 행복했던 기억은 정말 빨리 잊힌다.

우리가 행복했던 기억을 찾으면 찾을수록 우리는 행복한 사람이라는 것을 깨닫는다.

행복을 부르는
믿음의 원칙

누구나 한 번쯤은 위기의 순간이나 간절했던 순간에 믿지 않았던 신을 믿게 된 적이 있을 것이다. '하나님 이번에는 꼭 되게 해주세요.', '부처님 이번에는 꼭 시험에 붙게 해주세요.' 믿지 않았던 하나님과 부처님을 찾으면서. 마음속으로 다짐한다. '이번 제 기도를 들어주신다면, 신을 믿겠습니다.'라고.

나의 고향은 강원도이다. 열아홉 살, 수능을 치고 나도 기도를 했다. 수능이 끝나고 태백산에 올라갔다. 태백산 정상에서 '이번에 대학 붙게 되면 1년에 한 번은 태백산에 올게요!! 꼭 가게 해주세요.'라고. 결과는 다행히 합격이었다. 하지만 집에서 대학교에 다니고 싶은 욕심이 컸다. 이번에 붙은 대학교는 집에서 다니기엔 거리가 멀었다. 그래서 재수를 결심했다.

나름 치열했던 재수가 끝나고 나오면서 또 기도했다. '하나님, 부처님, 이번에는 꼭 찍었던 문제가 다 맞았으면 좋겠습니다….' 하면서 시험장을 나왔다. 나는 항상 마지막은 운에 맡겼다. 내가 준비되지 않아서 그런지 마지막은 항상 기도로 끝났다. 그렇게 운에 맡겼던 시험은 결과가 좋지 않았고, 삼수를 하고 대학교에 입학할 수 있었다.

첫 수능 때 대학교에 붙었지만, 태백산에 매년 가지 않아서인지 아니면, 하나님과 부처님께 기도했지만, 매번 기도하지 않아서인지 취업 준비를 하면서 계속 떨어졌다. 자기소개서를 30개 이상 쓰면서 딱 한번을 제외하곤 면접의 기회를 얻지 못했다.

첫 면접 기회는 아주 쉽게 왔다. 처음 쓴 자기소개서가 붙어서 나에게 면접 기회가 주어졌다. 그렇게 나는 자만했다. '자기소개서는 쓰기만 하면 붙겠구나.'라는 생각과 함께 면접 준비를 하지 않았다. 면접 준비 없이 간 첫 면접은 완전히 망쳤다. 나와는 반대로 양옆 면접자는 엄청나게 준비해온 티가 났다. 모든 질문에 막힘없었고, 회사에 대해서도 빠삭했다.

준비 안 된 티가 났는지 마지막 질문은 나를 공격했다. "술자리에서 어떤 역할을 하시나요?"라는 질문에 "저는 술은 잘하지 못하지만, 분위기를 잘 맞추고 띄우려고 하는 편입니다."라고 대답했다. 그리고 꼬리를 문 질문은 "분위기를 잘 띄우시나 봐요. 그럼, 여기 면접장 분위기도 한번 띄워보세요."라고 했다. 나는 너무 당황했다. 아무 대답도 하지 못하고 다른 면접자에게 질문이 이어졌다. 나는 속으로 '아⋯ 이번 면접은 떨어졌다. 이번엔 누구에게 기도도 할 필요가 없겠다.' 생각했다.

첫 면접에 떨어져도 나는 큰 타격이 없었다. 내가 준비를 많이 안 했다는 생각이 들었다. 그래도 다행이라고 생각한 건 '다음 면접 기회가 바로 오겠지.'라고 생각했다. 그렇게 시작된 나의 취업 준비는 계속 서류전형에서 떨어졌다. 30번 이상 떨어지고 나니 서류를 내고 매번 기도했다. '이번에는 제발⋯ 면접만⋯' 이러면서.

50번의 서류 접수가 끝나고 드디어 두 번째 면접 기회가 왔다. 하지만 서류 합격 결과를 봤을 땐 내가 정말 가고 싶었던 기업이었지만, 내가 쓴 직무와는 너무 달랐다. 그렇게 면접 준비를 소홀히 해서 또 떨어졌다. 지금 생각해보면 붙고 나서 '직무를 변경했으면 어떨까.'라는 생각도 들었다. 그땐 너무 어려서 붙으면 평생 그 직무를 해야만 하는 줄 알았다.

계속된 서류 탈락에 나는 점점 자신감도 자존감도 떨어졌다. 내가 정말 잘할 수 있을지 점점 나를 믿기보다는 신을 믿으려고 했다. 서류도 70개, 80개를 쓰고 있었다. 이렇게 쓰다 보니 서류는 점점 잘 써졌다. 그렇게 면접 기회가 연달아 왔다.

연속된 면접 기회에 면접도 점점 자신감이 붙었다. 두 개의 기업에서 1차 면접을 통과했다. 그리도 또 다른 면접 기회도 주어졌다. 이제는 정말 원하는 기업을 선택해야 했다. 자신감이 붙었던 나는 점점 신을 믿기보다는 나를 믿게 되었다. '나 할 수 있겠는데? 나 잘할 수 있어.'라면서.

그런 자신감으로 임한 최종 면접은 다행히 합격이었다. 제약회사 신입 사원으로는 나이가 많았다. 주변에서는 제약회사에 가려면 나이가 젊어야 한다고 들었다. 하지만 나를 믿고 준비한 결과 운이 좋게 붙은 나는 생산직에서 최고령 합격자였다.

수많은 서류 준비와 면접 준비를 통해 깨달았다. 믿지 않았던 신과 종교에 기도하는 것보다는 나 자신을 믿어야 한다는 것을. 물론 종교와 신을 믿는 것도 중요하다. 주변 친구들은 종교를 믿는 사람이 많다.

나의 학원 선생님은 너무 아파서 기댈 곳이 없었다. 그때 찾아간 종교에서 종교를 믿고 건강까지 찾았다. 그렇게 주변 사람들에게 믿음을 알려주었다. 이렇게 원하는 것을 간절하게 기도하면 이루어졌다.

나는 종교와 신을 믿는 것도 중요하지만 나를 믿는 건 어떨까 생각해본다. 결국 중요한 순간에 준비하고 결정을 하는 건 나이기 때문이다. 나는 항상 모든 일을 하고 나서 마지막에 기도했다. 신에게 모든 걸 맡겼다.

면접 마지막엔 '나도 나를 믿지 못하는데 누가 나를 믿어줄까?'라는 이런 생각이 들었다. 그래서 나는 준비에 최선을 다하고 나를 믿기 시작했다. 나를 믿으면서 자신감이 붙었고 떨어졌던 자존감도 올라갔다.

나를 믿고 안 믿고의 차이는 엄청나게 컸다. 면접장에서도 나의 태도가 달라졌다. 마지막 면접은 준비를 엄청나게 했다고 생각하진 않는다. 하지만 나의 태도가 달랐고 달라진 태도에서 자신감이 나왔다. 그렇게 모든 질문에 자신 있게 나를 드러냈다. 나를 믿지 못해서 나를 숨기려고 했던 면접들은 떨어졌다. 있는 그대로의 나를 보여주니 모든 질문에 자연스러운 대답이 나왔다. 나를 믿고 있는 그대로의 내 모습을 보여주는 게 중요했다.

면접뿐만 아니라 친구를 사귀거나 인간관계에서도 똑같다. 가면을 쓰고 만나는 사람들은 오래가지 못한다. 결국 가면은 벗겨지게 되어 있다.

있는 그대로의 모습을 보여주는 게 현명하다. '이런 내 모습을 싫어하면 어쩌지?'라는 생각에 자신을 보여주지 못하는 사람이 많다. 결국 항상 가면을 쓰려다 보니 나만 힘들고 우울해진다. 점점 남들과 비교하게 된다. 남들은 행복한 것 같은데 나는 그렇지 않다고 생각한다.

나를 믿고 가면을 벗은 모습으로 생활해야 한다. 있는 그대로의 모습을 보여줄 때 제일 자연스럽다. 나도 어떤 친구들과 어울릴 때는 나의 모습을 그대로 보여주지 못했다. 친구들의 수준에 내가 맞지 않을까 봐 두려웠다. 그런 친구들과는 오래 연락이 이어지지 못했다. 결국 내가 친구들을 피하게 되었다. 주변에는 항상 나를 보여줄 수 있는 편한 사람들만 남게 되어 있었다.

나는 취업 준비를 할 때도 나를 믿지 못했다. 자신감과 자존감이 떨어지니 점점 나를 믿지 못하게 되었다. 그럴 때마다 찾은 종교나 신은 나를 도와주지 않았다. 믿음이 없으니 당연했다. 나중에 자신감이 붙으면서 나를 믿고 결국 취업을 할 수 있었다.

나를 믿는다는 건 엄청난 힘을 가져왔다. 될 수 없었던 것 같은 일을 되게 했다. 결국 내가 원하는 취업을 이뤘다. 간절하게 원하고 나를 믿으면 결국 이루어진다. 원하는 것을 얻었을 때의 행복은 무엇과도 바꿀 수 없다.

　나를 믿으면서 오늘도 원하는 결과를 얻어가자. 나를 믿는 것은 행복을 부르는 믿음이다. 나에게 용기를 주자. '할 수 있다. 너는 여태까지 잘해왔어. 이번에도 잘할 거야.'

06

내가 태어난 이유를
발견한 날

모든 생물은 태어난 이유가 있다. 매미의 유충은 매미가 되기 위해서 7
년이라는 시간을 땅속에서 보낸다. 그렇게 긴 시간을 버티고 땅 위로 올
라와 2주라는 시간을 산다. 매미가 신나게 우는 이유도 이해가 된다. 7년
을 버티고 사는 짧은 2주의 삶. 우는 내내 얼마나 즐거울까.

나는 초등학생 때 공부를 못했다. 정확히는 하지 않았다. 학원도 다니
지 않았고, 친구들과 축구 경기를 하며 어울려 다니는 게 너무나도 재밌
었다. 그리고 나는 암기에 약했다. 3학년 때 처음 사회 과목을 배웠다.

이해보다는 암기의 부분이 컸다. 그렇게 3학년 첫 시험에서 사회 과목은 한 문제 맞았다. 점수가 5점이었다. 집으로 돌아가는 길에 너무나 창피했다. 암기를 못하긴 하지만 정말 속상했다. 어머니도 나의 시험 점수를 보고 황당해했다. 정말 한 번호로 찍어도 이것보단 많이 맞는 시험 점수였다.

학생의 신분일 때에는 공부만 잘하면 됐는데, 나는 그걸 하지 못했다. 그 뒤로도 암기 과목은 잘하지 못한다는 생각에 계속 포기했다. 이때부터 암기 과목과는 벽을 쌓았다. 그래도 그 뒤로는 5점보다는 많이 맞았다.

초등학생 때 내가 꾸준히 한 건 구몬학습뿐이었다. 구몬학습에서 배운 과목은 수학이었는데 구몬 수학은 숫자만 다룬다. 그래서 난 어릴 때부터 도형에 약했다.

6학년이 되고 나서 도형의 겉넓이, 부피를 배우는 데 따라갈 수 없었다. 이때부터 도형이 싫어졌던 것 같다. 아무리 해도 이해가 되지 않는 도형들을 겉넓이와 부피를 구하는데 더욱 이해되지 않았다.

중학생이 된 나는 도형이 나올 때마다 포기했다. 중학생 때부터 학원에 다녀도 초등학교 때 기초를 제대로 학습하지 않은 도형은 중학생이 돼서도 어려웠다. 그래도 수학은 좋아해서 잘하고 싶은 욕심이 컸다.

어느 시험 기간에 어머니께서 학교를 찾아왔다. 주변에 들를 일이 있었는데, 내가 일찍 끝나니 나를 데리러 오셨다. 그날은 수학 시험이 있었다. 나는 당당하게 시험을 잘 보고 자랑하고 싶었다. 이번 시험은 수학만 준비했을 정도로 자신감이 넘쳤다. 시험지를 받고 풀면서 두 문제를 남겨두고 엄청나게 고민했다. 마지막에 보니 함정 문제였다. 속으로 '이런 함정이 있구나.' 하면서 내가 생각한 답을 적고 제출했다.

종례 전에 오늘 시험 정답을 맞혀봤다. 한 친구가 내가 처음 생각했던 함정에 걸렸었다. 나랑 엄청나게 이야기하다가 선생님께서 불러주시는 답을 듣고 채점하기 시작했다. 채점을 다한 나는 너무나 기뻤다. 처음으로 나는 수학에서 100점을 맞았다. 함정에 걸린 친구는 딱 하나 틀렸다. 심지어 내가 생각한 풀이가 맞아서 너무 기뻤다.

어머니가 학교에 오는 날이었는데, 내가 100점을 맞아서 자랑할 수 있어서 너무 기뻤다. 학생으로서 내가 태어난 이유를 발견한 날이었다. '내가 시험을 잘 봐서 어머니를 기쁘게 할 수 있다니.'라는 생각에 행복했다.

사람들은 태어난 이유가 있기 마련이다. 나는 부모님의 행복을 위해 태어났다고 생각한다. 부모님을 행복하게 했을 때 정말 기분이 좋기 때문이다. 내가 시험을 잘 봤을 때나, 내가 상을 탔을 때 부모님의 행복한 모습을 보는 게 나의 기쁨이었다.

꼭 부모님을 위해 태어난 사람만 있다고 생각하지 않는다. 어떤 사람은 자신의 경험과 지식을 알려주며 태어난 이유를 찾았다고 한다. 자신이 완전 전문가는 아니지만, 아무것도 모르는 왕초보들에게 시행착오를 줄여줄 선생님이 될 수는 있다. 왕초보들에게는 완전히 잘하는 고수들보다는 자신의 문제점을 확실히 해결해줄 초보 선생님이 필요하다.

그 분야에서 전문가가 된 사람은 왕초보가 하는 실수나 질문을 이해하지 못할 때가 있다. 나에겐 너무 당연한 일이기 때문이다. 하지만 왕초보를 방금 지난 초보에서 중급자는 그 실수와 질문이 이해된다. 본인도 과거에 똑같은 실수를 했기 때문이다.

그래서 요즘에는 초보가 왕초보를 가르치는 시대가 되었다. 누구나 내가 알고 있는 지식을 남들에게 공유할 수 있다. 내가 배운 지식으로 전문가를 가르치는 게 아닌, 아무것도 모르는 왕초보를 가르치면 됐다. 나도 누군가에겐 선생님이 되는 시대이다. 그렇게 누군가를 가르쳐주며 자기 삶의 이유를 찾는다.

삶의 이유를 찾을 때 본인이 어떤 일을 할 때 행복한지 찾으면 찾기 쉽다. 사람을 가르치는 일을 할 때, 부모님을 기쁘게 할 때 등등 본인이 행복한 데에는 다양한 이유가 있을 것이다.

나는 사람들을 모으는 데 행복감을 느낀다. 내 주변에 사람들이 모여서 사람들과 이야기하고 지식을 쌓거나, 추억을 쌓을 때 행복감을 느낀다. 나는 그래서 사람을 만나는 게 제일 행복하다. 사람 만나는 걸 좋아하지만 나는 사람을 처음 만날 때 상당히 낯을 가리는 성격이라 아쉽다.

첫 만남에서는 무슨 이야기를 해야 할지 어떤 공통점을 찾아야 할지 모르겠다. 그래서 어색한 첫 만남이 끝나면 두 번째 만남부터는 자연스럽게 이야기를 이어갈 수 있다. 첫 만남에서 한두 가지의 공통점을 찾고 집에 돌아오는 길에 생각을 정리한다. '다음 만남에는 이런 이야기를 해보고, 이런 주제를 꺼내봐야지.'라고 생각한다. 나는 즉흥적인 상황에 잘 대처를 못 하는 편이다. 그래서 혼자 집으로 돌아오면서 있었던 상황을 정리하고 가끔 메모를 한다. 그렇게 다음에 만나면 자연스럽게 대화 주제가 나온다.

어떤 일을 해도 행복을 찾지 못하는 때도 있다. 그럴 땐 어떤 일을 하면 재밌는지 재미에 초점을 맞추면 좋다. 어떤 사람은 레고에 재미를 갖고, 어떤 사람은 보드게임에 재미를 갖는다. 사람마다 재미를 갖는 포인트는 너무 다르다.

그렇게 본인이 재미를 갖는 일을 하다 보면 삶의 이유를 찾게 되기도 한다. 재미있는 일 뒤에는 행복이 따라오기 때문이다. 보드게임에 재미를 갖던 사람은 자연스럽게 보드게임 동아리나 모임을 알아본다. 거기에서 사람들을 만나면서 보드게임을 하다 보면 자연스럽게 행복감을 느낀다. 내가 모르는 보드게임을 배우거나, 내가 잘 아는 보드게임을 가르쳐 주면서 사람들과 어울릴 수 있다.

우울한 기분이 들면 사람 속에 있어야 하는 이유도 여기에 있다. 내가 재미있는 일을 하면서 사람들과 어울리다 보면 혼자 생각할 시간이 줄어든다. 우울한 기분은 혼자 너무 깊게 생각하다 보니 찾아온다. '내가 그때 이러면 안 됐는데…, 다 내 잘못인 것 같아.'라는 생각과 함께 우울한 감정이 찾아온다.

생각을 없애는 가장 간단한 방법이 몸을 움직이는 일이다. 바쁘게 몸을 움직이면 생각할 시간이 없다. 최근에 헤어지거나 큰 상처를 받은 사람에게 가장 효과적인 방법은 쉴 새 없이 바쁜 곳에서 일하는 것이다.

실제로 외국에서 우울한 감정으로 찾아오는 사람들에게 꼭 마트 아르바이트나 택배 일을 해보라고 권유한다. 몸을 바쁘게 움직이다 보면 생각할 시간이 없어서 자연스럽게 우울한 감정을 극복할 수 있다고 한다.

　사람마다 삶의 이유가 다르다. 나는 행복을 위해 살고 있다. 그래서 부모님과 함께하는 시간이 소중하다. 요즘에는 금요일마다 아버지와 앉아서 맥주를 먹는 시간이 너무나도 소중하다. 그 시간에는 아버지께서 알고 계시거나 겪으신 이야기를 해주신다. 아버지와 소통하며 사이가 돈독해지는 이 시간이 나는 행복하다.

　태어난 이유를 찾지 못했다면 본인이 재미있어하는 일을 해보는 건 어떨까? 재미있어하는 일을 하다 보면 행복감을 찾을 수 있다. 그렇게 본인이 태어난 이유를 조금씩 찾아가는 것이다. 너무 어렵게 생각할 필요는 없다. 여러 가지를 해보면서 본인이 재밌어하는 일을 꾸준히 하면 된다.

　오늘도 재미있는 일이나 행복한 일을 찾으며 나를 위해 살아보는 건 어떨까? 매미가 단 2주를 위해 7년을 버틴 것처럼. 우리도 삶의 이유를 위해 꾸준히 나아갈 수 있다.

07

모든 일에는
이유가 있기 마련이다

나는 "시련이란 성공이란 선물의 포장지이다."라는 말을 좋아한다. 시련 없이 둥글게 둥글게 살려고 하는 사람들은 큰 성공의 선물을 받지 못한다. 물론 시련 없이 커서 성공하는 사람도 있다. 그 사람들의 성공도 엄청난 것이다. 하지만 알려지지 않았을 뿐 그 사람들에게도 작거나 큰 시련이 있었을 것이다. 선물이 크면 클수록 시련의 크기가 커서 나를 더 힘들게 하는 것이다.

대부분의 성공한 사람을 보면 엄청난 시련을 겪었다. 동업자로부터 배신을 당하거나, 믿었던 친구에게 사기를 당하는 등 인생을 살면서 여러 가지 시련을 겪는다. 하지만 꼭 시련만 이유가 있는 것은 아니다. 내가 생각하기에 정말 작은 일에도 나중에는 쓸 일이 생긴다.

　나는 취업 전에 여자친구를 사귀면서 편지를 자주 써줬다. 처음 편지는 여자친구가 "미안한데, 글씨가 너무 안 예뻐서 하나도 못 알아보겠어. 이 단어 좀 읽어줘."라고 말했다. 나는 너무 부끄러웠다. 다음 편지부터는 글씨를 알아볼 수 있을 정도로 적으려고 노력했다. 그렇게 나는 편지를 적어가며 글씨 연습도 했다. 누군가는 "글씨 연습이 굳이 필요하나요?"라고 말할 수도 있다. 나 또한 그랬다. '요즘은 컴퓨터로 작성하는 데 글씨 조금 못 써도 되지 않을까?'라는 생각이 있었다.

　하지만 대학을 졸업하고 취업 시즌이 되었다. 서류를 통과하고 면접을 보러 갔다. 면접장에서는 사전 질문 리스트라며 글씨로 적어서 제출하라고 하였다. 시간이 30분밖에 없고 질문의 수가 꽤 되었다. 그러다 보니 자연스럽게 평소 글씨 습관이 나오게 된다. 나는 그동안 연습했던 글씨체가 자연스럽게 나왔다.

　면접장에서 공장장님께서 말씀하셨다. "글씨가 유일하게 알아볼 정도네요. 엄청나게 잘 쓴 건 아니지만 그래도 깔끔하게 써서 좋았어요. 요즘은 컴퓨터로 타자 친다고 글씨를 막 쓰는 사람이 많아요. 하지만 언젠가 글씨로 쓰는 순간이 옵니다. 그때를 위해서 알아볼 수 있을 정도로 쓰는 연습을 하셔야 합니다. 손으로 작성해서 낸 문서에서 첫인상이 나뉘는 일도 있으니까요."라고 말씀하시며 면접이 거의 끝나갔다.

속으로 뿌듯했다. 집에서도, 친구들에게도 나는 악필이었다. 하지만 편지를 쓰면서 자연스럽게 악필이 교정되었다. 누군가는 편지 쓰는 일이 정말 귀찮고 쓸데없는 일이라고 생각할 수 있다. 하지만 이렇게 글씨가 교정되고, 편지를 받는 사람이 행복해진다면 편지는 결코 쓸데없는 일이 아니라고 생각한다.

군대에서도 이러한 경험은 수도 없이 많았다. 오늘 내가 무심결에 본 암구호를 누군가가 물어봐서 대답하고 칭찬을 들을 수 있었다. 신문이나 TV를 보다가 접한 이야기가 다른 사람들과의 대화 주제로 나오는 것을 보고 깨달았다. '진짜 세상에는 의미 없는 일이 없구나. 보고 듣고 느끼는 것이 언젠가는 쓰일 날이 있구나.'라고.

나는 첫 책을 출판하고 나서 본격적으로 작가가 되었다. 작가에게 일상은 모두 사례로 보였다. 나는 행복에 관련된 책을 쓰면서 일상에 행복과 관련된 사례가 보이기 시작했다. 사람은 본인에게 관심 있는 부분만 보게 된다. 육아 책을 썼던 작가님은 육아하면서 또 다른 사례들이 보인다고 하셨다. 그렇게 두 번째 육아 책을 쓰시게 된다.

나는 친구들을 만난 이야기, 직장에서 있었던 일, 작가가 되고 나서 주위의 반응 등 세상을 바라보는 안경을 바꾸니까 모든 일이 새롭게 보였다. 지금 당장 의미 없는 일이라도 언젠가는 나에게 의미가 있었다.

첫 책에는 나의 30년 이야기를 모두 담았다. 첫 책을 쓰면서 나의 삶 전체를 돌아볼 수 있었다. '나에게 이렇게 많은 일이 있었고 그래서 행복을 찾을 수 있었구나.'라고 생각할 수 있었다.

일상이 모두 사례가 되는 사람들은 많다. 요즘은 블로그만 둘러봐도 알 수 있다. 맛집 블로그, 본인의 직업과 관련된 블로그, 영화나 드라마 리뷰 블로그 등 수없이 많다. 본인이 겪고 느꼈던 일을 블로그에 작성하면서 이웃들과 소통한다.

사람들은 다른 사람이 느꼈던 일을 본인이 겪었던 일처럼 느끼며 금방 공감한다. 그렇게 매일 일상을 공유하며 다른 사람들과 소통한다. 꼭 어떤 리뷰가 되지 않아도 된다. 본인의 직업에서 겪었던 경험과 노하우를 글로 적으며 사람들에게 도움을 주기도 한다.

어떤 사람은 이렇게 말할 수도 있다. "모든 사례가 꼭 돈이 되는 건 아니잖아요."라고. 물론 모든 사례가 돈이 되지 않을 수도 있다. 하지만 요즘은 어떤 물건을 파느냐가 중요한 게 아니라 누가 물건을 파느냐가 중요한 세상이 되었다. 다시 말해서 퍼스널 브랜딩이 중요한 시대가 되었다.

나의 이야기를 올리고 공감하는 사람들을 늘려간다. 그렇게 블로그에서 또는 다른 공간에서 자신만의 이미지를 만든다. 나의 브랜딩이 되고 나서는 내가 만든 전자책이나 다른 서비스 또는 상품들을 나와 공감했던 사람들은 쉽게 구매해준다. 만나진 않았지만 나와 소통하며 친밀감을 쌓은 덕분이라고 생각한다.

요즘에는 의미 없는 경험은 없다고 생각한다. 나의 평범했던 일상이 누군가에게는 큰 자극제가 되기도 한다. 나는 블로그를 운영하면서 사람들에게 행복을 말하고 있다. 행복을 말하면서 나의 일상을 공유하기도 한다. 나의 일상을 보며 공감도 해주고 내가 쓴 글을 보며 자극을 받고 동기 부여를 받았다고 하는 사람들을 만난다.

반대로 나도 다른 사람들의 블로그를 방문하고 그들의 일상이나 생각에서 동기 부여를 받는다. 그리고 각자 관심 분야가 다르므로 상대방이 적은 글을 보고 나도 공부하고 배우게 된다. 사람은 각자 관심 있는 분야로만 안경을 끼고 세상을 보기 때문에 자신의 지식이 남들에겐 배울 점이 된다.

어떤 사람이 커피숍 창업에 관심이 있어서 여러 권의 책을 읽었다면, 커피숍에 방문하면 실내장식부터 그 동안은 보이지 않던 것들이 보이기 시작한다. 커피를 마시면서도 사람의 방문 수나 사장님, 아르바이트생들의 행동을 보며 매출을 생각하기도 한다.

마케팅을 잘하는 사람들은 여러 홈페이지에 방문해서 마케팅 기법을 본다. 홈페이지에서 처음 본 마케팅 기법은 배우고 자신이 도와줄 수 있는 부분이 없는지 고민한다. 그렇게 도와줄 수 있는 부분을 찾으면 홈페이지 연락처에 연락하고 도움을 주기도 한다.

모든 일에는 의미가 있다. 내가 한 일로 남들에게 동기 부여를 주기도 하고, 남들에게 공감이 되기도 한다. 그렇게 우리는 지금 겪고 있는 모든 일상을 사례로 봐야 한다. 내가 지금 끼고 있는 안경에 따라 상황이 힘들 수도 있고 즐거운 사례가 될 수도 있다.

나는 편지를 쓰며 글씨체가 바뀐 덕분에 첫인상을 바꿀 수 있었다. 그 덕분에 취업하고 지금까지 회사에 다닌다고 생각한다. 누군가에겐 의미 없는 일상이 어떤 상황이 닥치면 의미 있는 일이 된다.

하루하루에 의미를 부여할 필요는 없지만 모든 경험은 나의 재산이 된다. 지금 당장 나에게 닥친 일이 힘든 상황이겠지만, 지나고 나면 별거 아닐 수도 있고 시련을 이겨내 큰 선물을 받을 수도 있다.

4장

나와

사이좋게
지내는
방법

01

원하는 목표부터
그려보자

나의 학창시절 목표는 항상 중간이었다. 중간이라기보다는 물 흐르듯
이 사는 게 목표였다. 나는 발전하기보다는 시간을 보내는 편이었다. 목
표 없이 살다 눈을 떠 보니 어느새 서른 살이 되었다. 서른 살이 된 나는
'과연 앞으로도 이렇게 살아도 괜찮을까?'라는 의문이 들었다.

나는 전문대를 졸업하고 취업도 했다. 내가 그리던 평범한 삶에 가까
워졌다. 나는 나중에 아이도 키우고 내 집 마련도 하고 주변 사람들이 사
는 만큼 살 것 같았다. 하지만 나는 계속 의문이 들었다. '진짜 평범하게

사는 게 정답일까?', '한 번 사는 인생 멋지게 살아보면 어떨까?'라는 생각.

나는 물 흐르듯이 살다 보니 생각대로 살기보다는 사는 대로 생각하게 되었다. 항상 주위 상황에 나를 맞추기 시작했다. 그러다 보니 나의 행복이 점점 줄었다. 나의 선택권이 점점 줄어들었다. 이때 깨달았다. 내가 원하는 목표를 조금 더 구체적으로 그려야겠다고 생각했다.

나는 그렇게 독서를 시작했다. 회사에 다니면서 내가 할 수 있는 건 독서뿐이었다. 매일 점심시간에 30분씩 책을 읽었다. 출근 전, 퇴근 후 1시간씩 책을 읽었다. 오랜만에 독서는 남들에겐 쉬운 책도 나에겐 조금 어려웠다. 나는 서점에 갔다. 서점에 가서 내가 읽고 싶은 책들을 골랐다. 그리고 목차를 보고 세 권으로 간추렸다. 세 권 중에서 먼저 한 소제목을 읽어봤다. 나는 제일 잘 읽히는 책을 골라서 독서를 시작했다.

그렇게 시작한 독서로 독서 습관을 형성했다. 그러다 보니 여러 책을 읽을 수 있었다. 20대 후반이었던 나는 자연스럽게 경제적 자유와 돈에 관련된 책이 눈에 들어왔다. 그러다가 『부의 추월차선』을 읽게 되었다. 그 책에서는 직장을 다니면서 할 수 있는 게 많아 보이진 않았다. 그렇게 직장을 다니면서 경제적 자유를 이루기엔 어렵다고 생각했다. 또 자연스럽게 현실과 타협하며 점점 나를 잃어갔다.

대학생 때 목표는 막연하게 취업이었다. 내가 상상했던 근무는 마치 여의도에서 볼 법한 정장 차림에 사원증을 목에 걸고 노트북이나 컴퓨터 앞에서 일하는 모습이었다. 하지만 실제 근무 환경은 너무나 달랐다.

내가 생각했던 근무 환경을 상상했다. 그렇게 근무하는 나는 행복했다. 그래서 나는 현실과 타협하면 안 된다고 생각했다. 내가 주체적으로 삶을 살아야겠다고 생각했다. 그렇게 나는 독서의 주제를 바꾸고 독서의 방향을 잡았다.

부자와 관련된 책을 몇 권 읽게 되었다. 그들이 항상 공통으로 말하는 것이 있었다. 바로 '명확한 중점 목표'이다. 내가 정말 원하는 게 뭔지 명확하게 그리고 목표를 잡는 것이다. 이때부터 나는 나와 이야기를 하기 시작했다. 내가 정말 원하는 목표는 뭘까?

나의 목표는 내가 좋아하는 사람과 행복하게 사는 것이었다. 내 주변에 좋아하는 사람들로 가득 차려면 일단 내가 중심이 되어야 했다. 나는 항상 주변의 상황에 나를 맞추기 바빴다. 그러다 보니 내 주변에는 내가 좋아하는 사람들로 채워지지 않았다.

나는 나의 목표를 까먹지 않기 위해 제일 잘 보이는 곳에 붙여두었다. 매일 눈을 뜨자마자 목표를 확인할 수 있었다. 목표를 향해 가기 위해 글쓰기를 시작했다. 글을 쓰면서 자연스럽게 주변이 정리됐다. 꿈이 없는 사람들은 나와 멀어졌다. 주변에 꿈이 있고 목표가 있는 사람들로 채워지기 시작했다.

글쓰기는 진정한 나를 찾는 데 도움이 되었다. 내 생각을 정리할 수 있었고, 내가 살아왔던 환경을 돌아볼 수 있었다. 그렇게 내가 원하는 목표에 가까워지고 있었다.

어느 날 아버지께서는 군대 이야기를 해주셨다. 군대에서는 시간이 너무나 많아서 고민이라고 하셨다. 그 시간을 어떻게 쓸까 고민하셨다고 했다. 그렇게 내린 결론은 1년 후의 나를 생각하는 것이라고 하셨다. 물론 군대가 30개월이었던 아버지 시절에는 1년 후에도 똑같이 군대 안에서 근무할 거로 생각하니 끔찍했다고 하셨다.

아버지께서는 전역에 가까워지자 1년 후에 무엇을 할지 점점 구체적으로 생각하기 시작하셨다고 했다. '1년 후에는 내가 무엇을 하고 있을까?'라는 생각을 하며 목표를 정했다. 그리고 1년이 지나고 나면 목표를 돌아봤다. 그렇게 다시 새로운 1년 목표를 세웠다.

아버지께서 알려주신 1년 뒤를 생각하는 것으로 나는 목표를 그렸다.

처음에는 1년 뒤를 생각하니 너무 짧아 보였다. 나는 먼저 7년, 10년 뒤에 큰 목표를 그려봤다. 강사가 되는 것이 나의 큰 목표였다. 강사가 돼서 내가 배우고 깨달은 점을 세상에 나누고 싶었다.

그렇게 큰 목표가 잡히니 내가 해야 할 일들이 보였다. 나는 나의 목소리에 힘을 실어야 했다. 하지만 직장을 다니면서 나의 목소리에 힘을 싣긴 어려웠다. 나는 그렇게 먼저 블로그에 글을 썼다. 여러 사람에게 내 생각을 공유하고 동기 부여를 해줬다. 나의 영향력을 키우는 게 먼저였다.

강사가 되기 위해서 가장 쉬운 방법을 생각해봤다. 강사는 권위가 있어야 했다. 권위를 세우는 방법은 나 자체를 퍼스널 브랜딩 하는것이었다. 퍼스널 브랜딩을 하면 나의 이야기를 하며 강연을 다닐 수 있을 것 같았다.

퍼스널 브랜딩을 하기 위해서 나는 책을 썼다. 책을 쓰고 작가가 되니 나의 이야기에 귀를 기울여주는 사람이 많아졌다. 그렇게 나는 강사가 되는 목표에 가까워져가고 있었다.

목표가 없이 아침에 출근을 위해 일어나는 기상 시간은 고통이었다. 나는 아침에 행복하게 일어나고 싶었다. 그러기 위해서는 아침에 내가 좋아하는 일을 해야겠다는 생각이 들었다. 좋아하는 일을 하며 시작한 아침은 나에게 행복을 줄 것 같았다.

목표를 세우고 아침에 일어나서 내가 좋아하는 글쓰기를 하기 시작했다. 목표를 향해 내가 할 수 있는 일을 하기 시작했다. 그렇게 아침은 나에게 소중한 시간이 되었다. 저녁에는 보통 예기치 못한 일들이 많이 일어났다. 하지만 조용한 새벽 시간은 나를 방해하는 사람이 없는 온전히 나만의 시간이 되었다.

강사가 되자는 명확한 목표를 세우고 나니 불타는 욕망이 생겼다. 욕망이 생기니 자연스럽게 행동을 하게 되었다. 다음에 필요한 행동은 무엇인지 생각하게 되었다. 목표를 매일 읽고 생각하다 보니 목표가 잠재의식에 새겨지는 기분이었다.

잠재의식은 자석과도 같았다. 그렇게 내가 원하는 목적을 달성하기 위해서 모든 것을 끌어당기는 기분이었다. 실제로 내가 원하는 목표를 하나씩 이루고 있었다.

정말 생각대로 살지 않으면 사는 대로 생각하게 된다. 상황에 맞춰 생각하기보다는 내가 직접 원하는 목표를 그리고 목표를 향해 다가가보는 건 어떨까 하는 생각이 든다. 구체적으로 원하는 목표를 그렸으면 이제 내가 좋아하고 사랑하는 일을 찾아야 한다. 내가 좋아하고 사랑하는 일을 찾아야 그 목표를 향해 달려갈 수 있기 때문이다.

　인생의 목표가 막연하다면 성취 과정도 결과도 모두 미미할 것이다. 무엇을 언제까지 왜 원하는지 구체적으로 파악하고 그것을 얻기 위해 어떻게 해야 할지 고민해야 한다. 그렇게 고민하고 행동하다 보면 우리는 생각대로 살게 되는 자신을 발견하게 될 것이다.

내가 좋아하고 사랑하는 일은
뭘까?

사람들은 대부분 본인이 행복하기 위해 선택한다. 파이어족이 되고 싶은 사람도, 경제적 자유를 이루고 싶은 사람도 그 이유는 본인의 행복 때문이다.

우리의 시간은 한정되어 있고, 우리의 삶은 선택의 연속이다. 그 시간 안에서 우리는 행복의 최대치를 느낄 수 있도록 선택해야 한다.

대부분 학창 시절 12년 동안 내가 좋아하는 일을 고민해보지 않는다. 주변에서 남들이 공부하니까 따라 공부하기 마련이다. 그렇게 대학교에 들어간 사람들은 점수에 맞춰 요즘 유행하는 학과에 들어간다.

TV에서 나오는 드라마만 봐도 그해에 학과 점수가 보인다는 말이 있다. TV에서 의학 드라마가 유행하면 원래 높았던 의과대학 커트라인 점수가 더 높아진다. 언제는 한의학 드라마가 유행했었다. 당연하게도 그해에는 한의학과 입학 점수가 높아졌다. 사람들은 본인이 좋아하는 직업보다는 주변에서 좋다고 하는 직업에 몰리고 있다.

나도 어릴 때 꿈은 부모님의 기대로 정해졌다. 어머니께서는 박찬호 선수가 유명해서 야구선수가 되어보는 건 어떠냐고 물어보셨다. 그렇게 나는 야구선수에 관심을 가지기 시작했다. 그러나 몇 년이 지나자 월드컵이 시작되고 축구가 엄청나게 인기가 있었다. 나는 그렇게 축구선수의 꿈을 또 가지게 되었다.

초등학교에 축구부가 있어서 가입하게 되었다. 거기서 친구들과 열심히 축구 연습을 했다. 하지만 재능이 있었던 친구들에게는 다른 초등학교에서 스카웃 제의가 들어왔다. 다른 초등학교에서는 전문적으로 축구를 배우니 가서 배워보라는 권유였다. 나도 축구를 좋아했고 열심히 했지만, 전학 권유를 받지 못했다. 어린 마음에 그게 아쉽고 속상했다. 그 뒤로는 축구부를 그만두게 되었다.

어린 마음에 너무 일찍 그만둔 게 아쉬웠다. 지금이었다면 나는 조금 더 노력해서 내가 더 잘할 수 있다는 걸 보여줬을 것 같다. 그리고 '내가 좋아하는 일에 재능까지 있으면 얼마나 좋을까.'라는 생각을 하게 되었다.

내가 좋아하는 일과 사랑하는 일이 직업이 되면 얼마나 좋을까? 하지만 그런 직업을 가진 사람들은 세상에 1%도 되지 않을 것이다. 대부분 사람은 단지 돈을 벌기 위해 직장을 가진다. 자기가 정말 좋아해서 직장을 가진 사람들은 1%도 되지 않는다는 것이다.

그럼 '어떻게 내가 좋아하는 일을 알 수 있을까?'라는 고민을 하게 된다. 많은 사람이 좋아하는 음식을 찾는 방법은 여러 음식을 먹어보는 방법뿐이다. 내가 모르는 음식이 많은데 그중에서 좋아하는 음식을 찾기란 먹어보지 않고는 어렵다. 내가 좋아하는 일을 찾는 방법도 똑같다. 여러 가지 일을 직접 해봐야 내가 좋아하는지, 좋아하지 않는지 알 수 있다.

나는 어릴 때 많은 학원에 다녀봤다. 거기에서 내가 좋아하는 일과 좋아하지 않는 일을 알 수 있었다. 어릴 때 태권도 학원은 재밌었다. 반대로 나는 피아노와 미술 학원은 재미가 없었다. 그렇게 여러 악기도 배워봤다. 오카리나와 하모니카도 1년 이상 배웠다. 그리고 글쓰기 학원도 다녔다.

글쓰기 학원 선생님께서 말씀하셨다. 어떤 주제를 학생들에게 주고 글을 쓰게 시켰다. 글을 쓰는 동안 교실은 조용해졌다. 오직 연필 소리만 났다. 나는 그 소리가 좋았다. 선생님께서도 그 소리가 너무 행복하다고 하셨다. 나는 이때 알았다. 나도 글쓰기를 좋아한다는 것을.

그렇게 조금 다니다가 중학생이 되었다. 중학생이 된 나는 글쓰기보다는 이제 학교에서 원하는 공부를 해야 했다. 남들이 하는 국어, 수학, 영어를 공부하며 대학교에 가기 위해 노력해야 했다.

나는 재수를 하며 남들보다 늦게 대학을 갔다. 대학을 먼저 간 친구들은 반드시 "네가 좋아하는 학과를 찾아야 한다."라고 했다. 먼저 대학에 간 친구들은 알고 있었다. 내가 4년 동안 좋아하지 않는 과목을 공부하는 것은 힘들다는 것을 깨달은 것이었다.

하지만 나는 고등학교 내내 학교에서 시킨 공부만 했다. 나도 다른 친구들과 마찬가지로 내가 좋아하는 과목을 찾지 못했다. 그렇게 나는 주변에서 인기 있는 학과에 들어가기로 했다. 그렇게 정한 것은 '로봇공학과'였다.

내가 학과를 선택할 때 AI가 인기가 있었다. TV에는 점점 미래에는 로봇이 일을 대체한다고 했다. 그렇게 다시 내가 좋아하는 학과를 고민하기보다는 미래에 유망할 것 같은 학과를 선택했다.

　많은 사람이 자기가 좋아하는 일을 찾지 못한다. 그 이유는 대부분 자신과 이야기를 하지 않기 때문이다. 일이 바쁘고 학교생활이 바쁘다 보니 자기 자신과 대화할 시간이 부족하다. 어쩌다가 자신이 좋아하는 일을 찾고 하게 되면 행운인 사람이 되었다.

　자기가 좋아하고 사랑하는 일을 찾기 위해 4가지를 고민해보면 좋다. 첫 번째로는 '너무 좋아서 미쳐버릴 것 같은 일'이다. 내가 어떤 일을 하면서 너무 좋아서 시간 가는 줄 모르는 일을 찾아보면 된다.

　나는 자기 계발하고 내가 배운 지식으로 남을 도와주는 일을 좋아한다. 친구들을 만나서 친구들의 문제를 들어주고 내가 배운 점을 공유해준다. 그렇게 친구들이 문제를 해결해나가는 모습을 보면 너무 행복하다.

　두 번째로는 '내가 전문적으로 하는 일'이다. 나는 제약회사 생산직에 다닌다. 하지만 나는 퇴근하고 나서는 글을 쓴다. 그리고 새벽에 일어나서도 글을 쓴다. 전문적으로 하는 일은 글을 쓰는 일이다. 남들에게 행복을 주기 위해서. 블로그에도 행복에 관한 글을 매일 쓰고 있는 이유이다.

세 번째로는 '내가 지금까지 해온 성과'를 보는 것이다. 나는 행복에 대한 글을 쓰면서 책을 쓰게 됐다. 그렇게 나는 첫 번째 책이 나오고 벌써 두 번째 책을 쓰고 있다. 내가 하는 일들이 성과가 나오면 계속할 동기가 부여된다. 하지만 사람들은 성과가 나오지 않으면 금방 포기한다. 내가 좋아하는 일이라도 성과가 나오지 않으면 결국 포기하게 된다.

마지막으로는 '내가 남에게 칭찬을 받았다거나, 남을 기쁘게 한 일'을 찾는 것이다. 나는 사람들의 문제를 듣고 도와주면서 칭찬을 받았다. 친구들이 가진 문제를 듣고 같이 고민하고 이야기를 해줬다. 답변을 듣고 실행해본 친구는 "네 덕분에 문제가 해결됐어! 고마워."라면서 고마움을 표현했다.

나는 그렇게 내가 좋아하는 일을 찾을 수 있었다. 나는 주변 사람들에게 행복을 주는 것이 가장 좋아하는 일이었다. 항상 친구들의 문제를 같이 고민하고 해결해주면 친구들은 행복해했다. 친구들의 모습을 보면 나도 행복하고 보람을 느꼈다.

나는 그렇게 지치지 않고 자기 계발을 한다. 친구들이 잘 해결되지 않는다고 나를 찾아오면 내가 도와주기 위해서이다. 그리고 내가 도움을 주지 못하면 책을 추천해준다. 그러기 위해서 나는 책을 많이 읽으려고 노력한다. 남에게 도움을 주기 위해 책을 읽다 보니 책 읽기도 너무 재미

있다.

아직 자기가 좋아하고 사랑하는 일을 찾지 못했다면, 시간을 내서 자신과 대화하며 위의 4가지를 고민해봤으면 좋겠다. 내가 좋아하고 사랑하는 일을 하지 않으며 평생을 사는 것은 너무 속상한 일이다. 단지 돈을 벌기 위해서 직업을 선택하는 건 행복한 주말을 위해 5일을 희생하게 된다.

내가 좋아하는 일을 찾는 것은 생각보다 오래 걸릴 수 있다. 내가 직접 여러 가지 일을 해봐야 하기 때문이다. 직장 없이 살아갈 수 있는 자신만의 일을 찾는 시간은 20년 이상이 걸린다고 한다. 죽기 전에 발견한다는 것 자체가 대단한 일이라고 한다.

평생에 걸려서 좋아하는 일을 찾지 못하는 사람도 많다. 평생을 내가 좋아하는 일을 하며 행복하게 산다는 상상을 해보자. 그렇게 하루라도 빨리 나와 이야기하며 내가 좋아하는 일을 찾아보는 건 어떨까?

03

긍정적인 마인드
가지기

긍정이란 단어의 사전적 의미를 아는가? 혹시 긍정이란 단어를 좋게 생각하는 것으로 생각한다면 놀랄지도 모른다. 긍정의 사전적 의미는 '어떤 현상을 인정하고 받아들이는 것'이라고 적혀 있다.

긍정적인 사람은 내 단점을 인정하고 받아들이는 사람이다. 반대로 부정적인 사람은 내 단점을 인정하지 않고 받아들이지 않는 사람이다. 긍정적인 마인드를 갖는다는 것은 무조건 좋게만 본다는 것은 아니다. 어떤 상황이 나타나도 받아들이는 태도이다. 특히 나를 인정하는 게 중요하다. 대부분 사람은 남에게 인정받으려고 열심히 살았다. 가끔 슬프고 힘들 때도 내색하지 않는다. 모두가 그렇게 사는 거로 생각하며 살아왔다.

긍정적으로 산다는 건 나의 약점을 보완하는 것이 아니라 나의 강점을 인정하는 것이다. 강점을 파악하고 살아가는 법을 찾는 것이 긍정적으로 사는 삶이다. 나다운 긍정을 찾고 실천하며 성장하면 된다.

많은 사람은 자신의 강점을 파악하기 어려워한다. 학교 공부를 한 이유도 자기가 좋아하는 학과를 가기 위해서가 아니다. 주변에서 하니까. 그리고 남들이 좋다고 하는 학과에 지원하기 위해서 우리는 공부를 한다.

마케팅에 소질 있는 사람이 공부를 열심히 해서 법대를 가거나 의대를 가게 되는 이유도 여기에 있다. 그렇게 진로를 정하면 따분한 인생의 종신형을 받고 만다. 자신의 강점을 살리지 못했기 때문이다.

그렇다면 강점을 어떻게 살릴 수 있을까? 자신이 좋아하는 일을 매일 조금씩 해보는 것이다. 좋아하는 일을 모르겠다면 어렸을 때부터 자신이 좋아했던 것을 생각해보면 힌트가 나오기도 한다.

많은 사람이 영화를 보고 드라마를 보는 것을 의미 없이 시간을 보낸다고 생각한다. 하지만 자신이 좋아하는 일을 하는 것은 의미 없이 시간을 보내는 것이 아니다. 왜냐하면 넷플릭스의 회장도 영화를 좋아해서 넷플릭스를 탄생시켰다. 영화를 좋아해서 DVD 대여 서비스를 시작했다. 거기에서 넷플릭스는 시작되었다.

영화를 보는 것을 좋아해서 자신이 본 영화를 매일 감상평과 함께 요약해서 블로그에 글을 올리는 사람이 있다. 단지 그 사람은 자신이 좋아하는 일을 매일 했을 뿐이다. 그런데 주변에 사람이 모였다. 모인 사람들은 블로그에서 영화를 추천받았다. 그리고 추천해준 사람과 소통했다. 모인 사람들이 많다 보니 자연스럽게 블로그에 광고도 할 수 있었다.

어떤 사람은 먹는 것을 좋아했다. 맛있는 음식을 먹으러 다니고 사람들에게 알려주기 위해서 블로그를 시작했다. 맛있는 음식을 먹고 후기를 남겼다. 후기가 쌓이니 사람들이 모이기 시작했다. 사람들도 글을 보고 맛있었던 음식점을 방문하기 시작했다. 그렇게 블로그 운영자는 여러 음식점에서 방문해달라는 요청을 받기 시작한다. 단지 자신이 좋아하는 일을 했을 뿐인데!

이렇게 자신의 강점을 살린다면 따분한 인생을 살아가기보단 매일 행복한 인생을 살아갈 것이다. 자신의 강점을 인정하고 찾아야 한다는 뜻이다. 찾은 강점들로 살아가는 것이 제대로 된 긍정적인 삶이다.

일본에서는 단점을 보완하라고 가르친다. 그렇게 많은 일본인은 자신의 단점을 보완하기 위해서 살아간다. 이렇게 되면 자신이 좋아하지 않는 일을 할 가능성이 크다. 반대로 미국에서는 수업 시간에 학생들이 좋아하고 잘하는 일을 찾아주려고 노력한다. 그래서 실제로 활동 수업도 많다. 수업도 자신이 듣고 싶은 과목을 선택해서 듣는다.

자신이 좋아하는 일을 하는 사람과 좋아하지 않는 일을 하는 사람은 일의 능률에서도 차이가 난다. 마지못해서 하는 사람은 적당한 선까지 하기 마련이다. 좋아서 하는 사람은 그 분야에서 최고가 되기 위해서 몰두한다. 그렇게 결과물에 차이를 가져온다.

약점을 보완하려고 노력하는 것보다는 강점을 파악하고 노력하는 것이 더 빠른 인생의 행복을 가져온다. 물론 약점을 보완하지 말라는 이야기는 아니다. '내가 왜 이것을 못 할까.'라는 생각에 빠져서 강점을 놓치지 말자는 이야기다.

그렇다면 많은 사람이 "지금 하는 일을 그만두나요?"라고 말할 수도 있다. 지금 하는 일을 그만두면 생계에 위협을 받는 사람도 많다. 나 또한 그렇다. 그래서 나는 다른 전략을 선택했다. 나의 강점을 찾고 강점을 살리기 위해서 '부캐'를 선택한 것이다. 요즘은 '부캐'를 키우는 것이 당연한 시대가 되었다. 많은 사람이 N잡을 하며 더 나은 삶을 꿈꾼다.

나는 N잡을 하는 이유를 이렇게 생각한다. 여러 가지 강점을 살리는 일이라고 생각한다. 그중에서 가장 잘된 '부캐'가 나중에는 '본캐'가 되는 것이다. 나도 여러 '부캐'를 가지고 있다. 퇴근하고는 '부캐'에 접속한다. 블로그에 글을 쓰거나, 종이책을 위해 글을 쓴다. 또 다른 '부캐'는 독서를 한다. 독서하고 유익한 정보를 독서 토론 모임을 통해 남들과 나눈다.

우리가 흔히 아는 MC 유재석도 여러 '부캐'가 있다. 유재석의 '부캐'는 남들보다 훨씬 많다. 유산슬, 유고스타, 유두래곤, 지미유, 닭터유 등 많은 '부캐'를 키웠다. 유산슬은 트로트 가수로 활동하는 부 캐릭터이다. 유고스타는 또 다른 음악 '부캐'인 드러머 캐릭터이다. 이렇게 음악 관련 '부캐'만 있는 것이 아니다. 치킨집에서 일하는 닭터유라는 '부캐'도 있다.

방송을 보면서 느꼈다. 유재석 본인도 진짜 하기 싫었던 '부캐'도 있었을 것이다. 여러 가지 '부캐'를 하다 보니 자연스럽게 본인의 강점을 알게 된 것이다. 본인이 잘하는 일도 좋아하는 일도 강점도 찾는 방법은 결국 한 가지뿐이다. 여러 가지 일을 해보는 것이다.

그렇다고 자신이 특별한 존재가 되기 위해서 하는 일을 하면 안 된다. 주변 사람들에게 인정받기 위해 하는 일 또한 그렇다. 그런 일은 불행으로 가는 길이다. 사회적으로는 성공한 것처럼 보이는 사람들이 갑자기 자살하는 것도 이러한 이유이다.

결국 사회적으로는 인정을 받았지만 본인은 전혀 기쁘지 않은 것이다. '이렇게 성공했으니까 행복하고 좋아해야 한다.'라고 주위에서 말한다. 그 말을 들을수록 괴리감만 커진다. 자신이 원하는 일과는 다른 일을 하므로 괴로워하는 것이다.

다른 사람들이 평가해주지 않아도 너무 좋아서 행복한 일을 찾아서 하는 게 중요하다. 긍정적인 마인드를 갖는다는 것은 결국 상황을 인정하고 수용하는 것이다. 지금의 상황에서 '나는 시간이 없어. 직장을 다니면서 그 일은 못 해.'라고 하는 것이 아니다.

'지금의 상황은 이렇지만, 나의 부캐를 키워서 좋아하는 일을 하며 살 거야.'라고 상황을 인정하고 수용하는 마음이 필요하다.

우리는 긍정적인 마인드를 가져야 한다. 긍정적인 마인드는 어떠한 상황도 받아들이는 수용적인 태도이다. 나의 단점도 받아들이고 강점도 받아들이는 마인드이다. 그렇게 나의 단점을 알고 강점을 알면 좋아하는 일을 하면서 살아갈 수 있다.

따분한 인생의 종신형을 받기보다는 행복한 인생의 종신형을 받는 편

지금의 조건에서 행복해지는 법

이 낫지 않은가? 누구나 행복한 인생을 살고 싶어 한다. 행복한 인생을 살기 위해 지금부터라도 여러 '부캐'를 키워보는 건 어떨까? '부캐'를 키우다가 내가 잘하는 강점을 찾을 수 있다. 그렇게 '부캐'가 '본캐'가 되어 행복한 인생의 종신형을 받는 것이다. 많은 사람이 위와 같은 방법으로 강점과 좋아하는 일을 찾았으면 좋겠다. 매일 설레는 하루를 선물하고 싶다. 출근을 위해 일어나는 삶이 아닌 내가 좋아하는 일을 하기 위해 아침 일찍 일어나는 삶을 선물해주고 싶다.

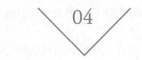

04

오늘부터
나는 거절합니다

나는 거절을 잘하는 사람을 보면 부러웠다. 거절을 못 하다 보니 나는
남들의 일까지 가져오는 성격이었다. "유진 씨, 이것 좀 해줘."라고 하면
나의 대답은 "네."였다. 나는 나의 상황을 생각하지 않는 'YES 맨'이었다.

나는 흔히 말하는 착한 사람 콤플렉스를 가지고 있었다. 착한 사람 콤
플렉스란 '착한 사람'이라는 말을 듣기 위해 자신의 욕구나 소망을 억압
하는 행동을 반복하는 것을 의미한다. 딱 나에게 맞는 상황이었다. 어딜
가나 착한 사람이라는 말을 듣고 싶었다. 그걸 듣기 위해 나의 욕구나 소
망을 참고 행동했다.

나중에 착한 사람이라는 말의 뜻에는 2가지 의미가 있다는 것을 깨달았다. 그 의미에는 정말 선한 사람과 자기를 우선시하지 않는 바보 같은 사람이 있었다. 나는 후자에 가까웠다. 선한 사람들은 봉사도 하며 자신의 행복을 찾았다. 하지만 나는 나의 행복과 멀어지는 쪽을 항상 선택했다.

『Too Nice for Your Own Good』의 저자 듀크 로빈슨은 책에서 좋은 사람들이 공통으로 가지고 있는 콤플렉스를 9가지로 분류하고 해결책을 제시했다. 여기서 나온 착한 사람 콤플렉스 유형은 1. 완벽해야 한다. 2. 침묵은 금이다. 3. 화는 꾹 참아야 한다. 4. 선의의 거짓말을 한다. 5. 도우미가 되기를 자청한다 등등이 있다.

나는 5가지 항목 중에서 4가지가 해당되었다. 화는 참고 있었고, 침묵은 금이라 생각했다. 나에게 의견을 물어도 좋게 말하기 위해 선의의 거짓말을 하고 있었다. 어려운 문제를 들으면 도우미가 되기를 자청하기도 했다. 나에게도 착한 사람 콤플렉스가 있었다.

그럼 착한 사람 콤플렉스는 왜 생기는 걸까? 이것은 착한 아이 콤플렉스에서 발전한 개념이다. 어릴 때는 착한 아이가 되어야 사랑받을 수 있다고 생각한다. 이 생각을 성장한 뒤에도 계속 가지고 있게 된다. 보통 엄격한 집안 교육 환경에서 자란 아이들이 가지고 있다. 타인의 기대를 저버리지 않기 위해서 행동하려고 하기 때문이다. 이러한 사람들은 보통 일탈을 용납하지 않는다. 그러다 보니 강박증과 공황장애로도 이어지기도 한다.

직장인을 대상으로 착한 직장인 콤플렉스를 가졌는지 조사했다. 한국 직장인 67.3%는 착한 직장인 콤플렉스를 가지고 있다는 결과가 나왔다. 그 원인으로는 거절 못 하는 성격과 내가 직접 하는 것이 편하고, 그 사람과 관계를 위해서가 주를 이루었다.

착한 사람 콤플렉스를 극복하는 3가지 방법이 있다. 첫 번째 방법으로는 나에게 물어보는 것이다. 정말 내가 하고 싶은 일인지, 나에게 도움이 되고 내가 발전할 수 있는 일인지. 나에게 물어보고 그 대답이 나오면 YES를 말해도 늦지 않다.

두 번째 방법으로는 내가 스스로 선택하고 상황을 받아들이는 것이다. 선택은 남에게 강요받아서는 안 된다. 처음에 거절하면 남이 나에게 실망할 수도 있다. 이러한 결과를 받아들이는 연습을 해야 한다. 처음부터 쉽지는 않다. 작은 일부터 성공하다 보면, 무례한 부탁에 내가 선택하고 선택한 상황을 받아들일 수 있게 된다.

　지금의 조건에서 행복해지는 법

마지막으로는 나의 감정을 표출하는 것이다. 믿을 수 있는 사람들에게 나의 감정을 표출해도 좋다. 사람들에게 하기 어렵다면 집에서 혼자 종이에 표출하거나, 블로그에 비밀 글로 나의 감정을 표출해도 좋다. 나의 감정을 주기적으로 꺼내주어야 나를 건강하게 지킬 수 있다.

나도 거절을 못 하는 성격이었다. 그래서 남들이 부탁하면 대부분 들어주는 처지였다. 대학교 때는 조별 모임이 있었다. 조별 모임에는 항상 무임승차를 하는 인원들이 있었다. 나는 좋은 게 좋은 거로 생각하고 아무것도 하지 않는 그들도 데려갔다. 나중에는 내가 PPT를 만들고 대본을 짜고 발표까지 하고 있었다. 하지만 그들은 전혀 고마워하지 않는 기색이었다. 그들은 당연해 보였다.

회사에 와서도 다른 사람들의 업무를 도와주었다. 무슨 문제가 생기면 도움을 요청받지 않아도 내가 먼저 주위에 물어보고 문제를 해결해주었다. 상황이 반복되다 보니 도움을 받은 사람은 문제를 해결하려고 하기보다는 나를 가만히 기다리는 상황까지 왔다.

나는 나를 위해서 그리고 남을 위해서 "NO"를 외칠 필요가 있음을 깨달았다. 처음부터 NO를 말하는 건 쉽지 않았다. 하지만 내가 해야 할 일과 남이 해야 할 일을 정확하게 구분하고 NO를 말하기 시작했다. 거절에는 작은 용기가 필요했다. 처음 거절하는 상황에서는 얼마나 가슴이 콩닥콩닥 뛰는지 모른다. 나는 거절해놓고 마음속에서는 '거절했다고 나를 싫어하면 어쩌지? 기분 나빠하면 어쩌지?'라는 생각이 가득 차 있었다.

하지만 거절했다고 해서 나를 싫어하거나 기분이 나쁜 것은 그 사람의 일이다. 나의 일이 아니다. '부탁이나 요구' 자체도 그 사람이 원한 것이고 내가 원한 게 아니다. 그래서 거절한 나는 상대방의 기분을 살필 필요가 없었다.

거절은 처음엔 용기가 필요하고 그 후에는 연습이 필요하다. 항상 YES맨이었던 사람들은 자기의 상황에 맞지 않는 일을 반복해서 거절하는 일을 잘 못 한다. 무슨 일이든 한 번에 잘하는 사람은 없다. 그래서 거절에도 꾸준한 연습이 필요하다. 거절하다 보면 나의 업무에 집중할 수 있고 내가 원하는 일을 할 수 있다.

거절을 연습하다 보면 나의 행복이 커짐을 느낄 수 있다. 상대방의 무례한 요구에도 거절할 용기가 생기기 때문이다. 또한 내가 하고 싶은 일들을 할 수 있기 때문이다. 행복을 위해서 우리는 가끔 이기적이어야 한다. 남들은 나의 행복을 책임져주지 않는다. 나의 행복을 위해서라도 우리는 이기적으로 나를 생각해서 거절해야 한다.

처음 거절할 때 상대방은 당황하고 이유를 물어본다. "왜?"라면서. 보통 당황해서 나는 "지금 나는 다른 일을 맡아 하고 있어서 바빠… 그래서 내가 완벽하게 해낼 수 없을 것 같아…."라면서 변명을 한다.

변명하기보다는 직접적으로 말하는 게 필요하다. "내가 해야 할 일은 아닌 것 같아."라고. 상대도 처음에는 당황하고 기분 나빠할 수도 있다. 나중에는 상대방도 이해하게 된다. 거절을 못 하는 사람들에게 필요한 것은 단호한 한마디이다.

거절하면서 다른 사람들에게 못되게 대하라는 의미가 아니다. 나를 먼저 살피고 콤플렉스에 벗어나길 바라는 마음이다. 보통 콤플렉스를 가진 사람들은 남을 너무 의식한다. 인생은 인간관계의 연속이다. 남을 위해서 거절을 잘 못 하는 사람들은 착한 바보가 되기 쉽다.

착한 바보를 이용하는 데 도가 튼 사람들이 있다. '어차피 그 사람은 거절을 못 하니까 이 일은 내가 하기 싫은데 부탁해야지.'라면서. 착한 바보를 이용한다.

남들 모두에게 착한 사람이 될 순 없다. 내가 좋아하는 사람 그리고 챙기고 싶은 사람들에게만 착해도 된다. 모든 사람의 마음을 얻으려고 하는 순간 '나'는 존재하지 않는다. 남을 위해 분위기를 맞추고 사는 '나'만 존재할 뿐이다.

착한 사람 콤플렉스를 가지고 있는 사람이 처음부터 거절하기란 쉽지 않다. 하지만 거절에는 용기가 필요한 것은 확실하다. 무엇이든 처음이 어렵지 다음부터는 조금 나아진다. 내가 정말 원하는 일이 아니라면 거절하는 용기를 가지자. 상대방을 배려하기보다는 나의 행복에 집중해야 한다. 행복하기 위해선 가끔은 이기적이어야 한다.

항상 남들이 좋아하는 일만 해주는 YES맨이 될 필요는 없다. 정말 내가 하고 싶은 일인지, 내가 하고 싶지 않은 일인지 정확히 판단해야 한다. 내가 원하지 않는 일이라고 판단이 섰을 때는 NO라고 말할 용기가 필요하다.

05

어제보다 나은
나를 발견하기

　사람들을 5초 만에 불행하게 할 수 있다. 방법은 바로 '남과 비교하기'이다. 내가 아무리 공부하고 많은 것을 가졌다고 해도, 나보다 나은 사람은 항상 있기 마련이다. 그래서 남과 비교하다 보면 제일 빨리 불행해질 수 있다고 한다. 남과 비교하다 보면 한없이 작은 나를 발견할 수 있다.

　우리는 어릴 때부터 비교가 자연스러웠다. 많은 부모님께서는 "옆집 누구는…"으로 비교를 시작하셨다. 사람마다 잘하는 것도, 성장 속도도 다르다. 나보다 잘하는 사람은 상대적으로 찾기 쉬웠다. 나는 잘한다고 생각했는데, 비교해보면 내가 못하는 것임을 알게 되는 경우가 많았다.

어린 아이를 키울 때 결과를 칭찬하기보다는 노력을 칭찬해줘야 한다고 한다. 시험 100점을 맞았을 때 "시험 다 맞았네. 너무 잘했어."라고 결과를 칭찬하는 게 아니다. "시험 100점 맞느라 엄청나게 노력했겠네. 기특해."라고 노력을 칭찬해야 한다.

결과에 대한 칭찬을 들은 아이는 결과에 집착하게 된다. 다음에 시험 문제가 조금 어렵게 나와서 만족하지 못한 결과를 들은 아이는 속상하다. 그래서 점점 자신이 할 수 있는 쉬운 문제만 풀려고 한다.

반대로 노력에 대한 칭찬을 들은 아이는 더 노력하게 된다. 어려운 시험문제가 나와서 결과가 좋지 않더라도, 더 공부하고 노력하려고 한다. 자신이 아는 쉬운 문제뿐만 아니라 어려운 문제도 과감히 도전한다.

나는 어릴 때 결과에 대한 칭찬을 많이 들었다. 구구단을 빨리 외워서 "머리 진짜 좋다. 혹시 천재 아냐?"라는 어머니의 기대가 있었다. 많은 부모님은 자신의 자식을 '천재'라고 과대평가한다. 그래서 나도 주위에 남들보다 뛰어나다고 생각했다.

하지만 학교에 가서는 나보다 뛰어난 사람들이 많았다. 나는 생각보다 점수가 나오지 않아서 쉽게 포기했다. 내가 맞출 수 있는 쉬운 문제만 공략했다. 그러다 보니 발전이 없었다. 하지만 부모님의 기대를 저버리고 싶진 않았다.

이런 공부가 반복되다 보니 어려운 문제에 도전 자체가 두려워졌다. 틀릴까 봐 무서웠다. 공부는 틀리면서 모르는 걸 학습해야 하는데, 아는 것만 학습하는 상황이 되어버렸다.

나는 국어를 어릴 때부터 못했다. 중학교를 처음 들어가고 나서 국어가 어려운 걸 깨달았다. 초등학교 때와는 다른 느낌이었다. 처음 맞은 국어 점수는 60점대였다. 나는 어려운 걸 또 도전하지 않았다. 두 번째 국어 시험도 60점이었다. 두 번째 국어 시험이 있는 날은 나의 생일이었다. 집에 돌아온 나는 국어 시험을 못 봤다고 했다.

어머니께서는 시험을 잘 못 본 게 속상하셨나 보다. 국어 시험을 왜 또 못 봤냐고 하셨다. 생일이지만 나는 눈치가 보였다. 나름 노력했다고 생각했는데 점수는 더 안 나왔다. 어릴 때부터 암기 과목을 못한다고 생각했다. 그러다 보니 암기 과목을 점점 피했다. 내신 시험은 암기에 가까웠다. 국어도 이해보다는 암기에 가까웠다. 그래서 나는 국어를 더 못했던 것 같다.

성인이 돼서도 나는 남들과 비교했다. 남들과 같이 취직하고 평범하게 살고 있었다. 하지만 취직이 더 잘된 친구들이 부러웠다. 그러다 보니 행복과는 거리가 멀었다. 자책하지만 노력은 하지 않는 아이러니한 상황이었다.

어느 날 유튜브에서 '자기 암시'에 대해서 봤다. 자기 암시에서 "나는 매일 발전한다. 나는 어제의 나보다 성장한다."라는 부분을 들었다. '행복한 성공자들은 남들과 비교하지 않는구나.'라고 깨달았다.

나도 그 뒤로는 남들과 비교하지 않기로 했다. 나의 비교 대상은 오직 '어제의 나'였다. 나와 비교하다 보니 조금은 편해졌다. 남들은 나보다 항상 뛰어난 사람이 있었는데, 어제의 나는 비슷했다.

문득 무서운 느낌이 들었다. 내가 아무것도 하지 않으니 어제의 나와 오늘의 내가 항상 똑같았다. 발전이 없어서 두려웠다. 회사에서 책을 읽게 된 계기가 되었다. 나는 점심시간마다 책을 읽었다. 책을 읽은 후로는 발전하는 느낌이 들었다.

주변에서 나를 보더니 "책을 읽어도 남는 게 없다. 당장 돈 벌어다 주냐. 잠자는 게 남는 거다."라고 말하는 사람도 있었다. 실제로 나를 봐도 책을 읽어도 발전하는 느낌이 들지 않았다. '어떻게 하면 책을 읽고 발전할 수 있을까.'에 대해서 고민을 했다.

방법은 책을 읽고 삶에 적용하는 것이었다. 책을 읽고 지식만 쌓는 게 아니라 실제 삶에 적용해봐야 했다. 그리고 삶이 바뀌고 나도 발전할 수 있었다. 독서를 하는 많은 사람이 인생이 바뀌지 않는 이유가 여기에 있다고 했다. 책만 많이 읽기 때문이라고 했다.

책을 많이 읽어보니까 다르게 생각한다. 책은 읽으면 읽을수록 뇌에 흔적을 남긴다. 바로 행동을 바꾸려고 하는 사람들은 빠르게 흔적이 연결된다. 행동을 바로 하지 않는 사람들은 흔적만 남아 있다. 하지만 흔적이 쌓이다 보면 결국 언젠가 연결이 되는 것을 느꼈다. 그래서 빨리 행동이 바뀌는가, 느리게 행동이 바뀌는가의 차이점이 있을 뿐이었다.

드라마 〈미생〉은 책으로도 있다. 책에서는 이러한 구절이 나온다. "상대 움직임에 동요하지 않고 차분히 내 길을 간다. 다 자기만의 바둑이 있다." 이 구절을 보며 각자만의 바둑을 두어야 한다는 점을 깨달았다. 사람마다 길이 다르다. 우리는 남들과 비교하기보다는 나와 비교하며 나의 길을 묵묵히 가야 했다.

친구들과 제주도를 갔을 때 게스트하우스에서 만난 사람들이 있었다. 나이가 많으신 분도 어린 친구들도 많았다. 게스트하우스에서 일하는 또래인 스물아홉 살인 친구도 만났다. 친구는 서른 살이 되기 전에 제주도

살이를 해보고 싶다고 제주도에 내려와 산다고 했다. 주변에서는 회사를 그만두고 제주도에 가서 살면 어떡하냐고 걱정했다고 한다. 나는 용기가 멋있었다. 그는 그만의 바둑을 두고 있었다.

연극을 하는 연세가 많은 분도 만났다. 그분은 제주도에 오시면 꼭 여기 게스트하우스에서 하루를 지내신다고 했다. 제주도를 떠나 서울로 올라가면 연극을 하신다고 하셨다. 너무 멋있어 보였다. 연극을 하다 지치면 제주도에 내려와서 둘레길을 걷는다고 하셨다. 하루에 10km 이상 걸으시며 생각을 정리하고 지친 마음을 위로하고 돌아간다고 하셨다.

군대 특수부대를 전역한 친구도 만났다. 몸이 굉장히 좋아서 운동하는 친구인 줄 알았는데 특수부대 친구였다. 전역과 동시에 일정 수준의 금액을 받는 특수부대라고 했다. 그 친구는 군대를 제대하고 본인이 좋아하는 일을 찾으러 제주도에 내려왔다고 했다. 게스트하우스에서 일하며 친구들에게 다양한 요리를 해주었다. 요리를 좋아하고 요리에 소질도 있어 보였다.

나는 게스트하우스에서 하루를 지내면서, 자기만의 바둑을 두는 다양한 사람을 만날 수 있었다. 그들은 남들과 비교하지 않고 그들만의 바둑을 두고 있었다. 나도 나만의 바둑이 필요했다. 남들이 어떻게 살고 있는지보다는 나의 목표에 어떻게 나아가고 있는지가 중요했다.

남들과 비교는 끝이 없다고 생각한다. 어제의 나와 비교하면서 발전해 나갔으면 좋겠다. 너무 빠르지 않게 너무 느리지도 않게. 자신만의 속도가 있다. 우리는 그렇게 자신만의 바둑을 두면 된다.

나의 목표가 정확하면 주변에서 하는 소리에 흔들리지 않는다. 주변에서 어떤 걸로 돈 벌었더라, 어떤 회사가 좋다더라 하는 이야기는 그들의 이야기일 뿐이다. 우리는 단지 묵묵히 우리의 목표로만 가면 된다.

어제의 나보다 발전한다면 나의 노력을 칭찬해주면 지치지 않고 나아갈 수 있다. 결과를 칭찬하다 보면 결국 결과만 내려고 한다. 오늘도 나의 노력을 칭찬하며 나만의 바둑을 두자.

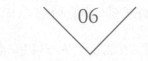

나를 칭찬하고
나에게 용기 주기

대부분의 사람은 남들을 칭찬하기 바쁘다. "오늘 옷 너무 잘 어울려요.", "눈이 너무 예쁘세요.", "살이 엄청나게 빠지셨네요." 등 다른 사람들을 칭찬한다. 그러다 보면 칭찬 릴레이가 이어진다. 하지만 우리나라 분위기상 칭찬을 들은 사람은 "아니에요."와 같이 답한다. 칭찬을 들으면 기분은 좋지만 인정하면 잘난 체하는 것 같아 겸손하게 된다. 반대로 외국은 감사하다고 말하면서 칭찬을 인정한다.

고등학생 때 나는 친구들을 많이 칭찬해줬다. 친구들의 장점을 찾아 칭찬하기 바빴다. 나는 습관처럼 칭찬하고 있었다. "너 오늘 좀 멋진데?", "너는 목소리가 참 좋잖아."라면서. 내가 남들을 많이 칭찬하는지 의식하진 못했다. 어느 날 친구들과 버스를 타고 집으로 향하던 길에 어느 한 친구가 말했다. "너는 칭찬을 참 잘하는 것 같아. 항상 친구들을 칭찬하잖아."

나는 이때 깨달았다. 남들의 장점을 찾아서 칭찬을 잘한다는 사실을. 주변 친구들의 장점을 찾아주긴 쉬웠다. 항상 같이 지내다 보면 잘하는 게 보였다. 그래서 자연스럽게 친구들을 칭찬할 수 있었다.

성인이 되고 나서도 남들의 장점을 찾아주고 칭찬하는 데 바빴다. 요즘은 N잡이 트렌드다 보니 회사 동료들에게 장점을 찾아주면 동료들은 N잡에 도전하곤 했다. 나도 회사가 나의 미래를 책임져주지 않는다는 생각에 N잡을 해야겠다는 마음을 먹었다.

어디서부터 시작해야 할지 막막했다. 친구들이나 동료들의 장점을 찾아주는 건 잘했지만 정작 나의 장점을 찾는 것은 어려웠다. 나는 취미도 명확하지 않았다. 막연하게 독서하고 자기 계발만 하고 있었다.

나를 칭찬해본 적도, 나에게 용기를 줘본 적도 없었다. 대부분 사람은 남의 장점을 잘 보고 남을 칭찬하는 것은 정말 잘한다. 하지만 나를 칭찬하고 나의 장점을 찾는 것은 무엇보다 어렵다.

　나는 나를 칭찬하는 게 어려워서 감사일기를 적기 시작했다. 하루의 감사한 일을 모두 적었다. 처음에는 쓸 말이 없었다. 그래서 사소한 감사로 시작했다. 날씨가 좋은 아침에는 '날씨가 좋아서 감사합니다. 회사를 출근하며 시원한 바람이 감사합니다.' 등 정말 사소한 일로 감사일기를 시작했다.

　그러다 보니 점점 감사할 일이 많아졌다. 직장에서도 어떤 부정적인 상황이 생겨도 나를 발전시켜주는 기회라고 생각했다. 그렇게 부정적인 상황도 감사하다고 표현했다. 그러다 보니 나는 점점 긍정적인 사람이 되어가고 있었다.

　감사일기는 최대한 밤에 적으려고 했다. 그 이유는 자기 전에 행복한 기분으로 자면 다음 날 아침까지 행복한 기분으로 이어지기 때문이었다. 그러다 보니 아침에 행복한 기분으로 일어나서 하루를 시작할 수 있었다.

　감사일기는 나의 칭찬일기로 이어졌다. 나중에는 감사일기를 적기보다는 나를 칭찬하는 일기를 적었다. 칭찬일기도 처음에는 사소한 일로 적었다. 처음 나를 칭찬하는 일이다 보니 어색했다. 그래서 더 사소한 일을 찾으려고 노력했다.

'오늘 하루도 출근을 잘해서 칭찬해.', '오늘도 동료들에게 용기 주는 나를 칭찬해.', '점심시간에 책 읽는 나를 칭찬해.' 등 처음에는 3가지를 의무로 적었다. 처음에는 누가 나의 칭찬일기를 볼까 봐 부끄러웠다. 하지만 점점 칭찬에 자신감이 붙었다. '친구에게 책을 추천해주는 모습 칭찬해.', '친구에게 독서 습관 들이는 법을 알려준 것 칭찬해.' 나의 행동을 좀 더 구체적으로 칭찬하기 시작했다.

그러다 보니 나의 장점이 보였다. 나는 자기 계발과 독서를 좋아했다. 배운 내용을 가지고 친구들을 도와주는 장점이 있었다. 그리고 친구들의 상황에 맞는 책을 추천하는 장점이 있었다. 하지만 추천받은 친구들은 책을 좋아하지도, 읽지도 않았다. 그래서 나는 친구들에게 책 읽는 습관을 들이는 쉬운 3가지 방법이 있다며 알려주었다.

첫 번째는 일단 쉬운 책을 고르는 것이다. 쉬운 책을 고르려면 일단 서점이나 도서관에 가야 했다. 친구들은 처음부터 어려워했다. 그래서 나는 친구들과 교보문고나 알라딘 중고서점을 같이 갔다. 처음 가서 읽고 싶은 분야의 책을 열 권 정도 고르라고 했다. 거기서 책을 읽으면서 술술 읽히는 책 세 권을 고르자고 했다.

쉬운 책을 고르는 이유는 간단했다. 술술 읽히지 않으면 독서 습관 잡기가 어렵기 때문이다. 그래서 내가 좋아하는 분야부터 시작하는 이유도 마찬가지이다. 좋아하는 분야의 책을 읽다 보면 자연스럽게 독서와 친해진다. 나와 친하지 않은 일을 할 때는 무조건 내가 좋아하는 일로 시작해야 하기 쉽다.

두 번째는 구매한 책을 집으로 가져와서 목차를 보라고 했다. 그 중에서 내가 마음에 드는 목차만 읽으면 된다. 책을 처음부터 끝까지 다 읽겠다는 마음을 먹으면 압박감이 느껴지기 쉽다.

책은 내가 좋아하는 분야에서 재밌는 목차만 읽으면 친해지기 쉽다. 거기서부터 시작해야 자연스럽게 습관을 만들 수 있다. 재밌는 목차만 읽다 보니 한 권 읽는 건 너무 빨리 끝났다. 짧으면 30분만에 모두 읽었고 길면 1시간이면 다 읽는 상황이 되었다. 나는 그래서 처음에 세 권을 고르면 모두 사라고 추천했다.

세 번째는 책을 많이 사는 것이었다. 처음에 세 권 모두를 사라고 한 이유도 여기에 있다. 책을 한 권만 사서 내가 재밌는 목차만 읽다 보면 금방 끝이 난다. 다음 책이 없으면 이제 다시 서점에 가거나 온라인으로 주문해야 한다. 다시 서점에 가려면 미루다가 한 달이 넘어간다. 그렇게 독서 습관도 멀어진다.

온라인으로 주문하려고 앱을 켜다 보면 무의식 중에 유튜브, 인스타가 보여서 다른 길로 가기 쉬웠다. 그래서 책은 무조건 한 번에 많이 사는 것이 좋았다. 그렇게 연속해서 같은 분야의 책을 읽다 보면 지식이 쌓이고 재미가 느껴진다. 주변에서 물어보면 알려줄 수준까지 된다. 내가 독서해서 얻은 지식을 남들에게 알려주면 자연스럽게 독서가 재밌어진다.

위의 3가지 방법으로 친구들에게 독서 습관을 선물해주었다. 책이 너무 비싸다고 생각하는 친구들에게는 알라딘 중고서점을 추천했다. 나처럼 책을 모으는 취미가 없다면 다 읽고 알라딘 중고서점에 다시 팔라고 했다. 그러다 보면 자연스럽게 다시 알라딘 중고서점에 가서 책을 고를 수도 있다. 책을 팔아 돈을 받으면 뿌듯한 기분까지 드니 일거양득(一擧兩得)이었다.

나는 칭찬일기를 적다 보니 나의 장점을 쉽게 찾을 수 있었다. 자연스럽게 나는 용기를 얻었다. 남을 칭찬하는 일은 너무나 쉽다. 하지만 나를 칭찬하는 사람은 아마 많이 없을 것이다. 부끄러워서 처음이 어렵다면 남들이 보지 못하는 공간에 나만의 칭찬을 적어보자. 블로그에 비밀 글로 나의 칭찬을 올려놔도 좋다.

나를 칭찬하다 보면 용기는 자연스럽게 따라왔다. 남들만 칭찬하던 내가 나를 칭찬하니 나 자신이 달라 보였다. 나의 장점이 보였고, 칭찬을 듣다 보니 무엇이든 할 수 있는 용기가 생겼다. 노트나 블로그에 글을 쓰는게 어렵다면 거울을 보고 나에게 직접 말해도 좋다. 아침에 양치하면서 거울을 보며 칭찬하고 나에게 용기를 주며 하루를 시작해보는 건 어떨까?

나의 속마음
내가 알아주기

나는 사람들과 지내다 보면 주변 사람들의 표정이나 기분을 살폈다.
그리고 사람들의 표정이 좋지 않으면 순간 생각한다. '혹시 이 상황이 불
편한가? 모임이 재미있지 않은가?'

나는 보통 모임을 주최하면 그 상황이 재밌었으면 좋겠다고 생각한다.
그래서 한 명 한 명의 표정이나 기분을 보고 분위기를 띄우려고 한다.

모임이 끝나면 사람들은 재밌게 헤어지고 연락도 왔다. 덕분에 재밌었
다면서. 나는 모든 에너지를 쓴 기분이었다. 그렇게 모임이 끝나고 집에
돌아오면 녹초가 되었기 때문이다.

이런 성격을 면접 때도 어필했었다. 술은 잘 못하지만 모임에 나가면 분위기를 주도하려고 한다면서 대답을 했다. 면접 때 돌아온 질문은 나를 당황하게 했다. "그러면 여기 분위기를 한번 띄워보세요."라고 면접관께서 말씀하셨다. 나는 어떻게 해야 할지 몰라서 아무 말도 하지 못했다. 첫 면접 때 이런 질문을 받아서 면접이 무서워지기도 했다.

지금은 면접을 몇 번 겪다 보니 자연스럽게 넘어갔을 일이다. 그날 면접장에선 그 질문이 나오자마자 지원자들은 웃었다. 그 때문에 분위기가 조금 풀린 기분이었다. 지금의 나였다면 "지금 이미 양옆 지원자들이 미소를 띤 것으로 보아 면접장 분위기가 많이 풀린 것 같습니다. 딱딱해진 분위기에서 부드러워졌으니 이 정도면 그래도 분위기를 조금 띄웠다고 생각합니다."라고 말했을 것 같다.

이렇게 주변 사람들을 살피고 분위기를 신경 쓰다 보니 정작 중요한 나의 속마음은 몰랐다. 주변 사람들의 표정이 안 좋으면 무슨 고민이 있나 궁금했다. 그렇게 고민을 들어주고 해결해주려 노력했다.

하지만 정작 나의 고민은 들어주지 못했다. 심지어 무슨 고민이 있는지 정확히 알아보려고 하지 않았다. 그러다 보니 나의 속은 점점 상해갔다. 나의 기분과 감정이 왜 일어나는지도 모른 채 주변만 신경 썼으니 당연한 결과였다.

어느 날 잘 지내고 있던 나에게 무기력증이 왔다. 무엇을 해도 에너지가 나지 않았다. 한번 빠진 무기력증에서는 쉽게 빠져나올 수 없었다. 마치 늪 같았다. 나를 점점 밑으로 데려갔다. 열심히 살고 있던 나에게 번아웃이 찾아왔다.

아무것도 하기 싫다 보니 퇴근하면 가만히 있는 상황이 반복이었다. 밖에선 여전히 사람들의 기분을 살피고 노력했다. 마치 나의 캐릭터가 켜지고 꺼지는 느낌이었다. 집에서 나가는 순간 캐릭터가 켜져서 열심히 활동했다. 집에 돌아오는 순간 캐릭터가 꺼지고 침대에만 있었다.

나는 이렇게 지내고 싶지 않았다. 그래서 방법을 찾아보려 노력했다. 제일 좋은 방법은 명상이었다. 나는 명상을 잘할 줄 몰랐다. 무작정 눈을 감고 호흡을 하고 편안하게 자세를 취하는 방법뿐이었다. 이런 방법은 나에게 편안함을 주었다. 편안함이 오면 금방 잠에 들었다. 명상을 하다 보면 항상 마지막엔 잠을 자고 있었다.

명상의 방법이 틀린 것 같았다. 그래서 검색하다가 자기 계발 코치 김현두 님께 관조 명상을 배웠다. 관조 명상이란 나의 감정을 들여다보는 명상이었다. 마치 제삼자가 돼서 내 감정을 보는 명상이다.

명상의 방법은 먼저 나의 기분이나 감정을 바라보는 것으로 시작된다. 다음에는 이 기분이나 감정이 왜 나타났는지 생각한다. 왜(why)는 꼬리에 꼬리를 문다. 계속 질문한다. 그리고 마지막엔 방법을 찾는다. 어떻게 (how) 해결할지를 찾는 것이다.

만약에 짜증이 났다면 왜 짜증이 났는지 나에게 물어본다. 나는 회사에서 짜증이 났다. 그래서 이유를 찾으려고 했다. 이 방법은 쓰면서 하면 가장 좋다. 하지만 나는 글로 쓰면서 할 상황이 아니라 계속 머릿속에서 질문했다. 이유는 나 혼자 일을 하는 기분이었기 때문이었다. 그래서 또 이유를 찾았다. 왜 나 혼자 일을 하는 기분인지. 업무의 분담이 되어 있지 않아서 공통 업무는 내가 다했기 때문이었다. 그래서 방법을 찾았다. 방법은 모든 공통 업무를 나누는 것이었다. 공통 업무를 팀원이 나눠서 하니 금방 일이 끝났다. 그리고 나의 짜증의 원인과 그 원인을 해결하니 짜증도 사라졌다.

이 방법을 나는 불쾌한 감정뿐만 아니라 행복에도 적용한다. 불쾌한 감정에 적용하는 이유는 그 감정이 나타났을 때 똑같은 방법으로 제거하기 위해서이다. 반대로 행복한 감정에 적용하는 이유는 행복한 감정이 나타난 이유를 찾으면 나는 매번 행복할 수 있기 때문이다.

행복한 감정을 들여다봤다. 출근길에 행복한 감정이 나타난 이유는 아침에 날씨가 좋아서였다. 하지만 나는 날씨가 좋지 않은 날에도 행복한 날이 있었다. 더 근본적인 이유가 궁금했다. 나는 발전하는 내 모습을 좋아했다. 생각해보니 새벽에 일어나서 자기 계발을 성공적으로 했을 때 날씨와 상관없이 나는 행복했었다. 그렇게 이유를 알았다. 매일 아침 일찍 일어나서 나를 발전시키면 됐다.

그렇게 매일 새벽 기상을 하면서 나의 행복을 찾았다. 하지만 어느 날은 새벽에 일어나도 행복하지 않았다. 나는 출근하면서 곰곰이 생각해봤다. 그날은 새벽에 일어났지만, 핸드폰만 한 날이었다. 그래서 나는 일어나면 항상 핸드폰을 거실 서랍에 넣어둔다. 그렇게 핸드폰을 멀리 두니까 자연스럽게 핸드폰을 하지 않을 상황이 만들어졌다.

그렇게 출근 전에 나는 성장하고 나의 행복을 찾을 수 있었다. 매일 행복한 아침으로 시작하니 행복한 일은 따라왔다. 행복은 계속 행복을 불러오는 느낌이었다.

나의 속마음은 주변 사람들은 신경 쓰기 어려웠다. 내가 표현하지 않으면 사람들은 생각보다 남에게 관심이 없다. 남에게 관심이 있는지 없는지는 실제 실험에서도 나타난다. 실험자에게 유행이 지난 티셔츠를 입히는 실험이었다. 본인은 남들이 나를 기억하고 수군거릴까 봐 걱정했다.

실험이 끝나고 실험자는 결과에 충격을 받았다. 생각보다 남들은 나에게 관심이 없었기 때문이다. 사람들에게 물어봤다. 이상한 티셔츠를 입은 사람을 기억하냐는 질문이었다. 열 명 중 한 명이 기억했다. 90%의 사람들은 기억하지 못했다. 사람들은 자신의 관심사에만 관심을 가진다. 많은 사람이 그렇게 남들에게는 관심이 없다.

실험 결과에서도 나오듯이 내 생각보다 남들은 나에게 관심이 없다. 그렇기에 나의 속마음에는 더더욱 관심이 없다. 남들이 알아주지 않는 나의 속마음을 누가 챙겨야 할까? 그 답은 바로 나에게 있다. 내가 나의 속마음을 챙겨주지 않는다면 나의 행복에 한 걸음 다가갈 수 없다.

만약 나처럼 주변에 너무 신경을 쓴다면, 가끔은 나의 속마음을 들여다볼 시간이 필요하다. 가장 쉬운 방법은 명상이다. 눈을 감고 가만히 나의 속마음에 집중하는 것이다. 어렵다면 나처럼 관조 명상을 하는 것도 방법이다. 내가 느꼈던 감정들을 제삼자의 입장처럼 먼저 바라보는 것이다.

그렇게 먼저 나의 속마음부터 챙겨주자. 나의 마음이 건강했을 때 행복이 찾아오기 때문이다. 내가 행복해야 주변의 사람들도 신경 써줄 수 있다. 생각보다 다른 사람들은 나의 속마음까지 알려고 하지 않는다. 내가 먼저 신경 써주지 않으면 나의 속마음은 계속 상해간다. 언제나 항상 중심에는 내가 있었으면 좋겠다. 오늘도 나의 마음을 들여다보면서 나를 먼저 챙기는 하루가 되자.

5장

오늘부터

내 인생,
행복합니다

배움에는
돈을 아끼지 말자

나는 회사에 입사하고 얼마 되지 않아서 목표를 세웠다. 나는 회사에서 내 성장이 멈추는 것을 원하지 않았다. 그래서 항상 자기 계발을 하고 싶었다. 그렇게 나의 목표는 '내 월급의 10%는 자기 계발 비용으로 사용하자.'라는 것이었다. 하지만 6개월이 지나고 보니 나는 자기 계발에 전혀 투자하고 있지 않았다.

내 성장이 멈추는 걸 원하지 않으면서, 돈을 쓰는 건 또 아깝게 생각했다. 나는 그렇게 월급의 50% 이상을 저축만 했다. 열심히 돈을 모으면 남들처럼 평범하게 집도 사고 차도 사고 할 수 있을 것 같았다.

나는 회사에 공고문이 붙은 것을 봤다. 연봉 협상에 대한 공고문이었다. 우리 회사는 매년 2~3%의 선에서 연봉을 인상해줬다. 하지만, 2020년 코로나19가 전 세계를 공포로 몰아넣었다. 그렇게 우리 회사는 연봉을 동결했다.

발등에 불이 떨어졌다. 매년 물가는 오르는 데 내 월급은 오르지 않았다. 6개월이 지난 시점에 나는 첫 입사 때와 다르게 성장하지 않았다. 나의 업무는 나를 지속해서 성장시켜주지 않았다. 문득 불안해졌다.

공부를 잘했던 많은 사람이 강조했던 부분이 있다. 바로 '환경설계'이다. 환경설계란 내가 공부를 할 수밖에 없는 환경을 만드는 것이다. 그 방법은 3가지가 있다.

먼저 첫 번째로는 '선언하기'이다. 예를 들어 주변에 "나는 토익 800점을 목표로 공부할 거야."라고 선언하기이다. 사람은 보통 다른 사람에게 보일 부끄러움을 피하고자 행동한다. 그렇게 공부를 할 수밖에 없는 환경을 설정하는 것이다.

두 번째 방법으로는 '금액 걸기'이다. 가장 친한 친구나 부모님에게 금액을 맡기는 것이다. 대신 목표를 달성하지 못하면 금액을 찾지 못한다. 똑같이 토익 800점을 목표로 하면서 금액을 건다면 더 열심히 할 수밖에 없는 상황이 만들어진다. 왜냐하면 사람은 얻을 때보다 잃을 때 두 배 큰 고통을 겪기 때문이다.

세 번째 방법으로는 '스터디 만들기'이다. 내가 공부하고 싶은 분야의 스터디를 만드는 것이다. 스터디를 만들어서 남들에게 공부를 알려줘야 하는 스터디 장(長)이 되는 것이다. 첫 번째 방법과 마찬가지로 남들에게 부끄러움을 사지 않기 위해서 공부하게 된다. 하지만 공부의 효율은 더 높다. 사람들은 보통 남들에게 알려줄 때 더 많이 배우고 공부하게 되기 때문이다.

그래서 나는 먼저 환경설계를 하기 위해서 인터넷 강의(이하 인강)를 결제했다. 인강은 생각보다 금액이 많이 들었다. 하지만 사이트에서 원하는 조건을 달성 시에는 금액을 환급해줬다. 그렇게 내가 결제한 금액을 돌려받을 수 있는 구조였다. 그렇게 나는 '금액 걸기'로 환경을 만들었다. 환경을 만들어두니 공부하기는 수월했다. 그렇게 목표를 달성하고 나는 결제했던 금액을 돌려받을 수 있었다.

실제로 목표도 달성하고 금액도 지킬 수 있었더니 행복했다. 심지어 내가 계속 발전하고 있는 모습이 보여 뿌듯했다. 이를 계기로 나는 환경설계의 중요성을 깨달았다. 그리고 무엇보다 그 속에서 내가 발전하는 모습이 보여 더욱 좋았다. 그 뒤로는 환경설계를 하며 계속 자기 계발을 할 수 있었다. 하지만 나는 영어 공부와 자격증 공부 위주의 자기 계발을 하였다.

이런 종류의 자기 계발은 회사를 옮기지 않는 한 나의 위치가 달라지지 않았다. 다음 연봉 협상에서도 나의 연봉은 남들과 똑같이 올랐다. 문득 자기 계발에 회의감이 들었다. 남들은 아무것도 하지 않고도 나와 같이 연봉이 올랐기 때문이다.

나는 자기 계발의 종류를 바꿔야겠다는 생각이 들었다. 하지만 어떻게 무엇을 해야 할지 감이 잡히지 않았다. 그렇게 나는 독서를 시작했다. 독서를 하면서 나는 내가 발전하고 있다고 느꼈다. 책을 사고 읽은 책을 보면 '나는 벌써 이렇게 많이 읽고 발전했구나.'라고 생각했다.

하지만 책 읽기만 했던 나는 변화하는 게 없었다. 책 읽기보다 중요한 것이 있었다. 바로, 책을 읽고 책에서 얻은 깨달음을 삶에 적용해보는 것이다. 책에서 나온 단 한 가지만 적용해서 나의 삶이 바뀐다면, 그 책의 값어치는 충분히 한 것이다.

처음에는 나는 책을 무조건 한 권 다 읽으려고 노력했다. 그러니 조금 어려운 책을 고르게 되면 금방 책에 손이 가지 않았다. 그리고 또 발전하지 않는 내 모습이 속상했다. 그러다가 유튜브를 보면서 하나를 깨달았다. 어떤 사람은 책을 모두 읽지 않는다는 것이었다. 책에서 하나의 깨달음을 얻고 내 삶이 바뀌었다면 그 책을 다 읽지 않아도 충분하다는 것이었다.

그 뒤로 나는 책을 무조건 다 읽어야 한다는 고정 관념에서 벗어났다. 목차를 보고 내가 궁금하거나 지금 바꾸고 싶은 부분을 읽었다. 그리고 삶에 적용했다. 그러다 보니 더 빠르게 발전하고 더 많은 책을 읽을 수 있었다.

책을 통해서 자기 계발을 하다 보니 나는 내가 공부한 것을 나누고 싶었다. 그래서 책이 쓰고 싶어졌다. 나는 책을 써본 적이 없었기에 책 쓰기에 관련된 책을 다섯 권 샀다. 그렇게 책을 어떻게 써야 하는지 공부하기 시작했다.

『평범한 사람을 1개월 만에 작가로 만드는 책 쓰기 특강』을 읽으면서 책 쓰기에 대해서 어느 정도 알게 되었다. 하지만 마지막에 출판사를 찾는 과정에서 저자의 프로필이 중요했다. 저자의 프로필이 없다면 출판되기가 어렵다는 부분을 읽고 포기해야 하나 싶었다.

책을 쓴 저자를 만나서 직접 물어보고 싶었다. 나는 만날 방법을 검색했다. 그렇게 나는 네이버 카페 '한국책쓰기강사양성협회(이하 한책협)'에 가입했다. 그리고 김태광 대표 코치의 일대일 컨설팅을 받게 되었다.

거기서 궁금한 점을 모두 물어보았다. 나의 책의 주제와 방향, 그리고 타깃층과 프로필에 관해서 물어봤다. 나의 타깃층이 책을 많이 읽지 않는 사람이고, 주제와 방향도 많은 사람이 읽지 않아서 어려울 것 같다는 진심 어린 조언을 해주셨다.

그래서 나는 물어보았다. "그럼 저 같은 평범한 사람은 책 쓰기가 어렵겠죠?"라고. 하지만 대표 코치님의 말씀은 달랐다. 본인에게 배운 대부분 사람은 평범했다고 했다. 하지만 지금은 작가가 되었다고 이야기해주셨다.

나는 또 한 번의 환경설계가 필요하다고 느꼈다. 그래서 책 쓰기 과정을 등록했다. 대표 코치님은 항상 말씀하셨다. "목숨 걸고 코칭합니다. 즐겁게 하세요.", "원하는 결과가 빠르게 나오지 않는 자기 계발은 하면 안 됩니다."라고.

처음엔 의미를 잘 몰랐다. 과정을 들으면서 나의 주제와 제목이 정해지고, 목차가 정해졌다. 그리고 실제로 출판 계약이 되었다. 그렇게 나는 책 한 권을 쓰고 작가가 되었다. 나의 책이 실제로 나오게 되었다. 실제로 배우니 쉽고 빠르게 결과를 낼 수 있었다.

주변에서 나를 '작가님'이라고 부르기 시작했다. 어딜 가서도 작가는 보기 힘든 직업이었다. 나는 나의 직장을 다니면서도 작가가 될 수 있었다. 작가가 되고 나니 뿌듯했다. 어떤 모임에 들어가도 작가라는 타이틀은 엄청났다.

회사에 다니는 많은 사람이 불안해한다. 예전에는 정년이 다가오면 불안했다. 100세 시대인데 우리는 너무 빨리 일을 그만둬야 했기 때문이다. 하지만 요즘은 정년이 아니어도 회사가 어렵다며 그만두어야 하는 경우가 많다. 불안함은 더욱 커졌다.

배움에 돈을 쓰고 내가 발전하는 모습을 보며 나는 불안함이 점점 줄어들었다. 나는 발전한 내 모습을 보며 무엇이든 할 수 있다는 마음을 가지게 되었다.

흔히 주변에서 나를 보고 말한다. '자기 계발의 된장남'이라고. 하지만 나는 이 타이틀이 좋다. 자기 계발에 투자하면 할수록 내가 성장하는 모습이 보이기 때문이다.

'내가 만약에 돈을 아끼고 자기 계발에 투자하지 않았다면 과연 작가가 될 수 있었을까?'라는 생각이 든다. 나의 월급에 10%를 미래의 나에게 투자하지 않고 아꼈다면 나는 직장을 다니면서도 불안했을 것이다.

투자했기 때문에 이렇게 두 번째 책을 쓸 수 있었다. 그리고 한 번 배운 지식은 머릿속에 흔적을 남긴다. 다른 지식을 배우면 그 흔적들이 서로 연결된다. 그렇게 연결되었을 때 엄청난 아이디어가 떠오른다.

오늘도 뇌에 흔적을 남기기 위해서 배움에 돈을 아끼지 말자. 지금 나에게 투자한 돈이 나중에는 엄청난 자산이 되어 돌아올 것이다. 내가 나에게 남긴 흔적은 지워지지 않기 때문이다.

열등감을 발판으로 삼아
성장하자

열등감이란 다른 사람에 비하여 자기는 뒤떨어졌다거나 자기에게는 능력이 없다고 생각하는 감정이나 의식이다. 많은 사람들은 열등감을 느끼고 남을 비판하거나 자신을 깎아내린다. 하지만 다르게 생각해보면 열등감을 발판으로 삼아 나를 성장시킬 수 있는 계기가 된다.

다른 사람에 비해 내가 부족하다고 먼저 인정하는 것이다. 그리고 마음속으로 '나는 왜 안 돼? 나라고 왜 못 해?'라는 마음을 갖는다. 인정하는 마음을 갖는 순간 열정이 불타오르기 시작한다. '나도 할 수 있다'라는 마음으로 연습을 하게 된다.

우리는 중학교 때 추크볼이라는 스포츠를 했다. 추크볼은 핸드볼과 비슷한 형태이지만 골 넣는 방식이 다르다. 골대가 1m 넓이의 네트로 되어 있다. 그 골대에 공을 던져 튀어 오르게 해서 공이 상대방에게 잡히지 않으면 득점을 하는 스포츠이다.

우리 반에는 운동을 잘하는 친구가 있었다. 그 친구를 보면서 나도 추크볼은 잘하고 싶었다. 체육 수행평가에서는 높은 점수를 받고 싶었다. 그래서 학교 수업이 모두 끝나고 남아서 친구들과 추크볼 연습을 했다. 그렇게 반 친구들과 매일 연습하고 추크볼을 즐겼다.

중학교 선생님은 생각보다 친구들이 추크볼을 좋아하자 우리 학년 대회를 열었다. 각 반에서 대회에 참가하고 싶은 팀을 받아서 추크볼 경기를 했다. 운동을 잘하는 친구는 당연히 참가했다. 나도 친구를 보고 따라 참가했다.

나는 그 친구와 한 팀이 되었다. 하지만 나는 친구의 실력이 아닌 나의 실력으로 다른 팀들과의 경쟁에서 이기고 싶었다. 친구들과 남아서 매일 연습하며 노력했다. 우리 반은 항상 남아서 연습한 덕분인지 다른 반과의 경쟁에서 항상 이길 수 있었다. 그렇게 우리 반은 결승전을 참가하게 되었다.

결승전에서는 그 친구와 나는 나란히 같은 골의 수를 기록하며 우승을 차지했다. 우리 팀은 정말 좋아했고, 나는 개인적으로 더 좋았다. 나의 노력으로 우승을 한 기분이었기 때문이다.

친구를 부러워하면서 '나는 그렇게 할 수 없어. 나는 친구와 달리 운동 신경이 좋지 않아.'라는 마음을 가지고 연습하지 않았더라면 나는 여전히 추크볼을 못하는 사람이었을 것이다. 나는 추크볼을 못했다가 연습으로 잘하게 되면서, 주변에 못하는 친구들을 가르쳐줄 수 있었다. 주변 친구들은 내가 겪었던 문제들을 가지고 있었다. 내가 연습했던 방법을 알려주고 친구들을 도와줄 수 있었다.

열등감은 자신의 단점에서 갖기 쉽다. 보통 내가 갖고 있지 않은 것을 부러워하기 때문이다. 키나 외모 등 여러 가지를 찾아볼 수 있다. 나는 내가 바꿀 수 없는 환경에 대해서는 열등감을 느끼지 않기 위해 노력한다. 키나 외모는 내가 바꿀 수 없는 환경이다. 물론 키 크게 하는 수술이나 성형 수술로 바꿀 수 있기도 하다. 하지만 나의 노력으로 바꿀 수 없는 부분을 이야기하는 것이다.

나는 내가 바꿀 수 있는 부분에 열등감을 느낀다. 외모에서도 살이나 근육에 대해서 생각하는 것이다. '와, 저 사람은 나보다 말랐어.' 혹은 '저 사람은 나보다 몸이 좋네?'라는 생각으로 운동을 하려고 마음먹는다.

마음을 먹은 후로는 다른 사람과 비교하지 않고 자신과 비교한다. 다른 사람과 비교하기엔 끝이 없다. 나보다 몸이 마르고 좋은 사람은 항상 있기 때문이다. 그래서 나는 지금의 상황에서 목표를 잡는다. 나도 마른 몸을 갖고 싶으므로 '지금에서 5kg만 빼자.'라는 구체적인 목표를 세운다. 구체적인 목표를 세운 나는 실천하게 된다.

군대에 들어가기 직전에 나는 인생에서 가장 뚱뚱한 몸무게로 입대했다. 입대하고 배정받은 훈련소 동기들은 마르고 달리기도 잘했다. 달리기 중에서도 오래달리기는 내가 어릴 때부터 좋아하고 잘했던 종목이었다. 그래서 오래달리기만큼은 지기 싫었다.

하지만 몸이 무거워서 오래달리기도 나에게는 힘이 들었다. 훈련소에서 오래달리기는 두 번을 측정했다. 처음 입소하자마자 한 번, 그리고 마지막에 훈련소에서 나갈 때 한 번이었다. 나의 처음 오래달리기 기록은 우리 생활관에서 뒤에서 3등을 했다. 나에게는 믿을 수 없는 결과였다. 중학교, 고등학교 때에도 항상 앞에서 3등 안에 들었던 오래달리기를 뒤에서 3등을 했기 때문이다.

'훈련소에서 5kg 빼고 꼭 오래달리기 생활관에서 1등으로 나간다.'라는 마음을 가졌다. 내가 오래달리기를 못하게 된 원인은 무거워진 몸에 있었다. 나는 의도적으로 식사량을 반으로 줄였다. 그리고 남들보다 더 움직이고 운동했다. 그렇게 조금씩 살이 빠지면서 몸이 가벼워졌다. 규칙적으로 생활할 수 있었던 훈련소에서는 살을 빼기 쉬웠다. 그렇게 한 달 조금 넘는 시간 동안 5kg 가까이 뺄 수 있었다.

마지막 오래달리기 기록을 재는 날 나는 훈련소 전체에서 1등을 할 순 없었지만, 생활관을 같이 쓰는 동기들 사이에선 1등을 했다. 열등감을 느끼고 목표를 세우고 노력하다 보니 목표를 이룰 수 있었다. 나는 열등감을 목표를 이루는 도구로 사용했다.

요즘에는 자신의 단점을 극복한 사례로 수익을 창출하기도 한다. 내가 극복한 단점을 다른 사람들도 극복하고 싶어하기 때문이다. 어떤 사람에게는 그 단점이 큰 스트레스이기도 하다. 그래서 얼마를 내든지 그 단점을 꼭 극복하고 싶어하는 사람도 많다.

예를 들어 말을 더듬는 사람이 있었다. 그 사람은 단점을 극복하고 다른 사람들 앞에서 발표도 잘하고 싶었다. 그렇게 말 더듬지 않는 법을 검색하고 고치기 위해 노력한 사람은 결국 고치고 남들 앞에서 발표도 당당히 하게 된다.

이 사람은 자기의 사례를 가지고 다른 사람을 돕게 된다. 말을 더듬는 사람 중에 발표를 잘하고 싶어하는 사람이 있다. 이 사람은 발표만 잘하는 사람에게는 공감하지 못한다. 자신의 단점을 극복하지 않았기 때문이다. 하지만 말을 더듬는 것을 극복하고 발표도 잘하는 사람에게는 금방 공감이 된다. 본인도 자신의 단점을 극복하고 싶기 때문이다.

그렇게 단점을 극복한 사람을 찾게 된다. 말 더듬는 단점을 극복한 사람은 본인만의 노하우나 방법을 사람들에게 알려준다. 여기서 배운 사람들은 말을 더듬는 것을 가장 빠르게 고칠 수 있다.

열등감을 느끼고 단점을 극복한 사례가 요즘은 무기가 되는 시대이다. 문과생은 프로그래밍을 못한다는 생각을 하는 사람이 많다. 그래서 어떤 문과생은 프로그래밍을 극복하고 문과생도 배우기 쉬운 프로그래밍 강좌를 만든다. 그렇게 많은 문과생이 포기했던 프로그래밍을 쉽고 빠르게 알려준다.

사람들은 처음부터 잘했던 사람들에게 배우기보다는, 나와 같은 문제를 가지고 있었고 그 문제를 해결하고 잘하게 된 사람에게 배우는 것을 더 좋아한다. 쉽게 공감이 가기 때문이다.

열등감을 네이버에 검색해보면 열등감을 버리는 기술이나 열등감을 느끼지 않도록 하는 글이 많다. 하지만 반대로 생각해보면 남들보다 못하다는 생각이 나는 성장시킬 수 있는 발판이 되곤 한다.

나는 실제로 열등감을 느끼고 다이어트를 하게 되었고 성공했다. 학창시절에는 좋아하는 체육 과목에서 좋은 성적을 받을 수 있었다. 열등감을 남들을 질투하고 나를 깎아내리는 데에만 사용하지 말자. 나의 성장에 초점을 맞춘다면 열등감을 발판 삼아 크게 성장할 수 있다. 또한, 열등감을 느끼고 나의 단점을 극복한다면 그 단점을 고민하는 사람들에게 도움을 줄 수 있다.

03

그럼에도 불구하고
당신은 행복한 사람입니다

사람들에게 취객이란 별로 좋지 않은 인식이 있다. 취객은 소란을 피우고 난동을 피우는 등 대부분 눈살을 찌푸리게 하는 행동을 하기 때문이다. 나도 지하철에서 취객을 보면 옆에 앉지 않거나, 피하려고 했다. 모든 사람이 그렇지는 않지만, 혹시나 하는 마음이 있었다.

나는 친구들과 술을 마실 때도 취하면 목소리가 커지고 힘을 쓰는 사람을 멀리하는 편이다. 유독 술만 들어가면 목소리가 커지고 사람들을 함부로 하는 사람들이 있다. 나는 가까운 사이일수록 더 예의가 필요하다고 생각한다. 오래 갈 사람들이라고 예의 없이 지내다 보면 좋은 사람들도 떠나가기 마련이다. 그래서 더욱 술자리에서 행동이 중요하다고 생각한다. 평소에는 예의를 지켰던 친구도 술을 마시면 친구들을 때리고 친구들에게 소리치는 모습을 보면 다음부터 술을 먹지 말아야겠다는 생각이 든다.

기분 좋자고 만난 자리인데 다른 사람들을 불편하게 만드는 행동이다. 물론 친구니까 다 받아줘야 한다는 사람들도 있다. 몇 번은 받아주지만 결국 쌓이면 터지는 게 사람이다. 지렁이도 밟으면 꿈틀한다. 조용히 받아주던 사람들도 언젠가 그들 곁을 지키지 않을 것이다.

항상 받아주는 사람들에겐 선이 있다. 그 선을 처음 넘는다고 해서 무섭게 돌아서지 않는다. 선을 두 번, 세 번 넘다 보면 항상 받아주던 사람이 어느 순간 돌아선다. 그 사람은 인연을 끊는 게 본인을 지키는 일이라는 것을 알고 있는 사람이다. 그렇게 차갑게 돌아서서 그 뒤로는 연락을 끊는다.

최근에 취객에 대해 인식이 바뀐 계기가 생겼다. 드라마를 보면서 취객에 관한 생각을 조금 다르게 하게 되었다. 드라마 〈고백 부부〉에 취객이 나오는 장면이 있다. 여러 사람들의 마음을 울려서 유튜브, 틱톡 등 다양한 플랫폼에서 영상이 돌아다닌다. 영상에서 취객은 혼자 이런 말을 한다.

"여기서 더 어떻게 하라고 나보고. 나 진짜 힘들어. 나 무시하지 마. 나 진짜 노력해. 나 노력한다고! 더, 더 어떻게 해. 내가!!"

언제나 가슴을 울리는 이야기는 '스토리'라고 했다. 짧은 대사가 많은 사람들의 가슴을 울렸다. 심지어 공감 가는 내용이다. 요즘 사는 사람들 모두 힘든 시기이다. 다들 참고 견디며 살고 있다. 취객은 술을 마시고 자신의 이야기를 쏟아냈다. 벼랑 끝에 몰린 느낌을 받았다. 듣는 나도 울컥했다. 나도 힘들었고, 노력했다. 모든 사람들이 참고 견디며 노력하고 있다. 당장 성과가 안 보일 뿐.

그 영상을 보고 다음 날 퇴근하는 지하철에 옆에 취객이 탔다. 평소 같았으면 피하려고 했었다. 술 냄새가 나고 혹시 서로 불편한 상황이 생기진 않을까 걱정되는 마음이 있기 때문이다. 하지만 오늘은 달랐다. 조용히 옆에 앉아서 갔다. 그분은 남에게 피해가 안 가게 하려고 노력하시는 모습이 보였다. 잠이 몰려와서 고개를 휘청이셔도 절대 옆 사람에게 피해를 주지 않으려고 계속해서 자신을 챙기셨다. 어제의 영상이 떠올랐다.

모두 자신의 위치에서 노력하지 않는 사람은 없다고 생각한다. 노력의 결과가 차이가 있을 뿐. 근데 우리는 성공한 사람들의 결과만 본다. 결과만 보고 뒤에서 수군거린다.

'저 사람은 운이 좋았을 거야. 저 사람은 애초에 금수저였을 거야.'라면서.

생각보다 성공한 사람들 중에는 가난했던 사람들이 많다. 환경을 바꾸기 위해서, 내 손으로 가난을 끊어보고 싶다는 생각에 엄청난 노력을 쏟아부었다. 그 과정을 지켜본 사람은 별로 없고 대부분 결과만 본다. 세계 탑급의 운동선수들도 재능만으로 그 위치까지 올라갔다고 생각하지 않는다. 결국 누구보다 노력했기에 그 자리에 있다고 생각한다.

살아온 환경이 모두 다를 수 있다. 그 상황 속에서도 긍정적으로 보려고 한 사람만이 행복을 찾는다. 부정적으로 보는 사람들은 결국 어떠한 상황이 나타나도 부정적인 일밖에 보지 않는다. 같은 상황에서도 긍정적으로 상황을 보는 사람은 끝까지 해낼 수 있다.

본인이 최선을 다하지 않은 상황에서도 핑계와 변명만 일삼는 사람이 있다. 본인의 노력을 부정하는 것보다 다른 사람의 실력을 부정하는 게 마음이 편한 것이다. 그렇게 피하다 보면 결국 본인은 성장이 멈춘다. 옆에는 비슷한 사람들끼리 남 탓하는 환경만 만들어진다. 하지만 이 사람들끼리는 그렇게 오래 가지 못한다. 부정적인 분위기가 나오는 걸 본인도 느끼면서 서로를 피하게 된다.

어떠한 목표를 달성하기 위해서는 동기가 중요하다. 많은 사람들이 동기 부여 영상을 찾아보고 동기 부여를 받으려고 노력하는 이유이다. 하지만 동기를 밖에서 찾으려고 하면 그 효과는 오래도록 지속되지 않는다. 동기가 오래 가려면 결국 마음에서 우러나오는 동기가 필요하다. 동기는 이유와 같다. 사람들은 이유 없는 행동을 하지 않는다. 그래서 우리는 우리가 이루고 싶은 목표에 대한 이유가 필요하다.

이유가 분명하지 않으면 결국 도중에 포기한다. 그래서 가장 좋은 방법은 원치 않는 결과가 일어나도록 환경을 세팅하는 것이다. 요즘에는 돈 걸고 챌린지가 유행한다. 이것도 단기적으로 보면 좋은 환경 세팅이지만 오래 지속되지 않는다. 60일 챌린지에 돈을 10만 원 걸고 시작하고 나중에 모두 달성하면 환급받는 구조이다. 하지만 30일 정도 하다 보면 10만 원의 값어치는 한 느낌이 든다. 그리고 결국 60일을 채우지 못하고 포기하게 된다.

사람은 이유가 없으면 아주 간단한 일도 하기 힘들다. 유명한 사람이 사람들에게 아주 간단한 일을 시켜보라고 지시했다. 하지만 그 일조차도 90%의 사람들은 달성하지 못한다고 한다. 간단한 일은 바로 달력에 날짜에 맞춰서 동그라미를 치는 일을 30일간 하는 것이다. 처음에는 열심히 하지만 어느 순간 까먹거나 귀찮아서 등의 이유로 포기한다. 이유가 없기 때문이다. 이런 간단한 일조차도 꾸준히 하는 사람은 드물다. 10%의 사람만이 성공하는 이유가 여기에 있다.

성공 확률을 높이기 위해서 원치 않는 결과를 세팅하는게 좋다. 유부남을 예로 들어보자. 유부남이 어떠한 일을 이루고 싶다면 원치 않는 결과를 이렇게 세팅하는 것이다.

"여보, 내가 60일 동안 다이어트 하는데, 5kg 못 빼거나, 하루라도 자전거를 타러 나가지 않으면 평생 설거지 내가 할게. 평생 화장실 청소는 내가 할게."

이런 원치 않는 결과를 세팅하면 어느 유부남이 다이어트를 하지 않을까? 확실한 이유가 생겼다. 내가 평생 설거지를 해야 할 수도 있고, 화장실 청소를 해야 할 수도 있게 생겼다. 그렇게 우리는 다이어트라는 목표에 성공할 수밖에 없을 것이다.

물론 설거지와 화장실 청소가 좋다면 도중에 합리화하며 치킨을 시켜도 된다. 하지만 평생이라는 글자 앞에서 목표를 이루지 않을 사람은 없다고 생각한다.

우리는 모두 다른 환경에서 살아가고 있다. 모두가 노력하고 어려운 상황을 이겨내고 있다. 나는 모두가 충분히 노력하고 잘하고 있다고 생각한다. 항상 자신에게 채찍질만 하던 사람들도 가끔은 위로를 받아야 한다. 가끔은 자신의 진짜 마음을 돌아보고 끝까지 나아갈 힘을 얻어야 한다.

항상 잘하고 있음에도 당근을 주지 않고 채찍질만 하다 보면 결국 번아웃이 온다. '이렇게 열심히 살았는데…' 하면서. 당신은 분명 열심히 살았다. 그만큼 많이 성장했고, 노력했다. 그래서 행복한 사람이다. 주변에 많은 사람들이 당신을 응원하고 있다. 당신의 노력을 알기에 당신은 충분히 행복한 사람이라고 생각한다.

04

이겨낼 수 없는
일은 없다

누구나 온 세상이 무너질 것 같은 경험이 있다. 내가 아무리 해도 안 된 다고 느껴지거나 나의 힘으로 상황을 바꿀 수 없을 때. 그런 상황을 마주 하면 분위기를 바꾸려 해도 무기력함은 계속해서 날 늪에 빠뜨린다. 무 기력함의 늪에 빠지면 한없이 가라앉고 나오기 힘들다.

나는 수능 재수를 하고 바로 군대에 입대했다. 재수에서 시험을 못 본 건 생각보다 힘들지 않았다. 당장 다음 주에 군대에 간다고 생각하니 시 험 점수는 금방 잊혔다. 하지만 군대 전역하고 다시 본 수능 점수는 똑 같았다. 이땐 정말 힘들었다. 나름 군대에서 남들 자는 시간인 22시부터

24시까지 공부하고 잤다. 그런 노력과 군대 전역하고 바로 도서관을 다닌 1년이란 시간이 무의미해진 기분이었다. 20살부터 시작된 대학 입학 시험이 24살에 끝이 났다.

군대를 제외한 나의 2년이 사라진 기분이었다. 삼수의 성적은 재수 때와 별로 다르지 않았다. 삼수의 성적이 나온 날 한없이 우울했다. 나는 세상을 다 잃은 기분이었다. 가족들에게 미안했다. 그때의 기분은 가족들은 나만 없으면 더 행복할 것 같은 기분이었다. 무기력함의 늪으로 빠지고 있었다.

나는 늪으로 더는 빠지고 싶지 않았다. 그래서 무작정 부산으로 겨울이었지만, 부산 바닷가를 보면서 걷고 울고를 반복했다. 감정을 쏟아내니 한결 나아지는 기분이었다. 저녁에는 부산에 있는 친구들에게 전화했다. 갑자기 찾아온 나를 보고 당황해했다. 심지어 나의 질문이 친구들을 또 당황하게 했다.

"너는 뭐 때문에 사냐?", "너는 행복하냐?"라는 질문이었다. 나의 질문을 들은 친구들은 멀뚱멀뚱 나를 쳐다봤다. 나는 정말 궁금해서 한 질문이었다. 다른 사람들은 무엇 때문에 사는지 궁금했다. 매일 똑같은 일상. 내일도 똑같을 것 같은 하루. 근데 무엇을 보고 사는지 궁금했다.

"다른 사람들도 똑같지 뭐. 나는 가족들 보며 산다. 가족들과 함께 있으면 행복하잖아. 그리고 내가 좋아하는 일을 해보고 싶어."라고 친구들이 대답해줬다. 대학생이었던 친구들은 행복해 보였다. 좋아하는 일을 해보고 싶다는 말에 나는 나를 돌아보는 시간을 가졌다.

친구들과 헤어지고 다음 날부터 부산에서는 나를 돌아봤다. '내가 좋아하는 일이 뭘까? 앞으로는 나는 무엇을 위해 살아야 할까?' 정말 많이 고민했다. 바닷가가 보이는 카페에 앉아서 자신에게 질문했다. 질문에 답이 나오지 않아도 바닷가를 보고 있으면 마음이 평온해졌다. 그렇게 부산에서, 많은 위로를 받고 올라왔다.

대학에 가면 다 행복해질 줄 알았다. 막상 대학에 들어가니 꼭 그렇진 않았다. 고등학교 때 선생님께서 해주신 말씀 같았다. "대학에 가면 살 빠진다. 그러니까 지금은 마음껏 먹고 공부만 하면 된다.", "대학에 가면 애인 생긴다. 지금은 외모 꾸미지 않아도 대학만 가면 돼!"라고.

그 말씀을 듣고 열심히 공부해서 대학에 왔는데, 실제로 살은 빠지지 않는다. 물론 애인도 생기지 않는다. 그것처럼 행복해지지도 않았다. 하지만 대학교에 가서 내가 좋아하는 일을 찾을 순 있었다. 사람들과 있을 때 행복한 것을 알았다. 그리고 남들에게 내가 배운 것을 알려줄 때 행복함을 찾았다.

그렇게 나는 공부도 하고 친구들도 많이 만들었다. 대학교 친구들은 고등학교 친구들만큼 깊이 친해지긴 어렵다고 했다. 나도 주변에 친구들이 많았지만, 대학교를 졸업하니 그 말에 공감한다. 진짜 연락하게 되는 친구들은 많이 없었다.

내가 좋아하는 것을 찾고 나의 행복을 찾으니 미래가 보였다. 미래가 보였다기보다는 미래가 그려졌다. 내가 좋아하는 일을 하고, 좋아하는 사람들과 지내는 밝은 미래. 그러다 보니 현재에 더 집중하게 되었다.

현재는 7년 전 내가 선택하고 행동한 결과라고 했다. 나는 그래서 7년 후의 나를 바꾸고 싶었다. 내가 깨달은 것을 주변 사람들에게 알려주기 위해서 나는 계속 공부했다.

어느 날 직장인들만 가입해서 소통하는 '블라인드' 앱에 글이 올라왔다. 내가 예전에 고민했던 부분과 똑같았다. "사는 게 뭘까? 지금 삶은 너무 지루하고 재미없다. 하고 싶은 것도 없고, 먹고 싶은 것도 없고, 흘러가는 대로 사는 기분. 다른 사람들은 무슨 원동력으로 사시나요?"라는 글이 올라왔다.

나도 삼수가 끝나고 엄청나게 고민했던 부분이었다. 근데 직장인들도 같은 고민을 했고 심지어 공감하는 사람들도 많았다. 당장 지금만 보면 너무 힘든 일이었다. 나는 거기에 처음으로 댓글을 달았다. "책을 읽으면서 더 나은 미래를 생각하면서 산다. 그리고 막연하게 죽기 전에는 가출 청소년 재단을 만들어보고 싶다."라고.

여러 사람이 위로의 글을 달아줬다. 지루하고 심심한 게 행복이라는 말이 있다고 위로해주는 사람도 있었다. 나와는 다른 행복이었다. 나는 사람들을 만나는 게 행복인데 지루하고 심심하지 않았다.

지루하고 심심한 행복은 소소한 행복 같았다. 일상에 찾을 수 있는 행복. 내가 아침마다 출근길에 느끼는 행복 같았다. 출근길 옆에는 강이 흐르는데 거기엔 항상 오리들이 있었다. 그 오리를 보며 출근하는 길이 너무나 행복했다. 이런 소소한 행복이 지루하고 심심한 행복이었다.

부자들은 돈을 담는 그릇의 크기가 있다고 했다. 나의 그릇이 커지지 않으면 돈을 아무리 많이 벌어도 넘치게 된다는 것이었다. 로또 당첨자들이 갑자기 들어온 많은 돈에도 금방 가난해지는 이유가 여기에 있다고 한다. 그릇이 커지지 않았는데, 넘치는 양의 돈이 담겨서 본인의 그릇만큼 남게 된다는 뜻이었다.

그리고 사업에는 레벨이 있다고 한다. 레벨이 조금씩 오르면 결국 성공한다고 한다. 레벨이 오를 수 있도록 많은 경험을 해서 경험치를 쌓는 게 중요하다고 한다.

나는 삶도 똑같다고 생각한다. 각자의 그릇이 있다. 지금 힘든 일을 겪고 이겨내면 그릇의 크기가 점점 커진다. 다른 사람들이 힘들어하는 일이 나에게는 작은 일이 된다. 어떤 사람의 그릇이 종이컵이라고 생각해보면, 그 사람은 콜라 한 캔 정도의 힘든 일이 오면 가득 찬다. 반대로 나의 그릇이 김장 통만큼 크다면 콜라 한 캔 정도의 힘든 일은 아무것도 아니다.

물론 그릇을 키우기는 쉽지 않다. 힘든 일을 겪으면서 내가 성장한다. 그렇게 자연스럽게 그릇이 커진다. 그릇이 커지면 같은 일이더라도 받아들이는 느낌이 달라진다. 같은 일도 나에겐 더는 힘든 일이 아닐 수 있다.

내가 쓴 첫 책을 보고 나에게 고민 상담을 하는 친구들이 많아졌다. 이럴 땐 어떻게 이겨냈냐고 물어본다. 친구들을 만나서 내가 경험했던 일을 이야기하고 나는 이렇게 이겨냈다고 이야기해준다. 그 친구들을 모두 이해하진 못하지만 공감하고 친구들의 상황에서 할 수 있는 일을 추천해

지금의 조건에서 행복해지는 법

준다. 내가 많은 일을 해주진 않았지만, 친구들은 위로가 되었다고 고맙다고 하는 그 말이 나는 너무 뿌듯했다.

세상에는 이겨낼 수 없는 일은 없다고 생각한다. 물론 내가 모든 일을 이겨낸 것은 아니다. 나도 앞으로도 이겨낼 일도 많고, 어느 날은 정말 이겨낼 수 없다고 생각하는 날도 있을 것이다.

하지만 먼 미래에 가출 청소년 재단을 만들겠다는 목표가 생긴 뒤로는 모든 일을 이겨내려고 한다. 나보다 더 힘든 사람이 있을 테니까. 힘든 일을 이겨내고 다른 사람들을 도와주는 삶을 살고 싶으니까. 우리는 조금씩 그릇을 키워나가자. 돌아서서 보면 모두 이겨내고 많이 성장해 있을 것이다.

05

견뎌냈기에
나는 단단해졌다

누구에게나 인생은 처음이다. 처음 사는 인생인 만큼 시행착오는 당연한 결과이다. 가끔 누군가가 이 일을 대신 해줬으면 하는 생각도 있다. 그 순간이 빨리 지나갔으면 하는 생각이 들기 때문이다.

나는 스무살 시절에 재수했다. 남들이 대학에 갈 때 나는 노량진으로 향했다. 노량진에서는 대학 공부를 하는 사람들, 공무원 공부를 하는 사람들 등 다양한 공부를 사람들이 있었다. 모두 자신의 꿈을 향해 공부하는 중이었다.

인기 있는 인터넷 강사 선생님의 수업은 새벽부터 앞자리 경쟁이 치열

했다. 나는 앞자리에서 선생님의 수업을 듣기 위해 첫차를 타고 노량진으로 갔다. 앞자리 앉는 사람들과 말은 안 했지만 서로 응원하고 있었다. 누구보다 일찍 나와 노력하는 사람이라는 것을 서로 알고 있었다.

그렇게 매일 새벽 4시에 일어나서 공부하는 일을 반복했다. 가끔 들려오는 대학 생활 이야기가 너무나 부러웠다. 나도 대학교에 가서 얼른 누리고 싶었다. 혼자 공부했기에 모든 시간을 직접 계획해야 했다.

엄청 즉흥적인 스타일이었던 나는 재수를 하면서 계획적으로 변할 수 있었다. 시간을 조금 더 알차게 쓰기 위해 계획을 세우고 실천했다.

물론 나의 시절에도 인터넷 강의(이하 인강)도 있었다. 하지만 나는 인강보다는 현장 강의를 듣기로 했다. 인강은 현장 강의보다 집중력이 떨어지는 느낌이었다. 현장에서 느낄 수 있는 열기도 덜했기 때문에 나는 현장 강의를 선택했다.

첫 재수가 끝나고 결과를 받았다. 결과는 생각보다 좋지 않았다. 나는 빠르게 군대를 선택하고 군대에 갔다. 군대 전역할 시기가 오자 또 공부할 생각에 조금 두려웠다. 군대에서 이미 공부랑은 멀어졌고, 하루에 8~9시간은 규칙적으로 잘 수 있는 환경에 익숙해져갔다.

나는 전역하면 공부를 해야 했기 때문에 군대에서 연등 신청을 했다.

연등은 취침 시간에 2시간 정도 공부를 할 수 있는 제도이다. 그렇게 전역까지 1년이 남은 시점부터 연등을 했다. 2시간씩 공부하며 잠을 줄여나갔다. 동시에 수능 공부의 기초를 잡아나갔다.

전역하고 나서도 공부는 계속했다. 다시 시작된 수험 생활은 처음보다는 수월했다. 처음은 막연한 터널 같았다. 끝이 보이지 않는 터널 같았지만, 이번에는 터널의 끝이 보이는 기분이었다. 한 번 해본 수험 생활 경험으로 조금은 수월하게 해나가고 있었다.

그렇게 삼수가 끝나고 원하는 목표는 이루지 못했지만, 대학교에 갈 수 있었다. 내가 상상했던 대학 생활을 실제로 겪을 생각에 설렜다. 처음 했던 수험 생활과는 다르게 다음 수험 생활을 준비하면서 나는 조금씩 단단해졌다.

단단하게 성장한 나는 대학교에 들어가서도 꾸준히 공부할 수 있었다. 공부하며 남는 시간에는 다른 친구들에게 알려줬다. 친구들과 함께 공부하는 시간이 너무나도 즐거웠다. 수험생활 내내 혼자 도서관에서 밥을 먹고 공부하는 시간은 너무 외로웠다. 그래서 그런지 대학 생활을 하는 내내 친구들과 함께 보내는 시간이 즐거웠다.

남들보다 늦은 나이에 입학한 만큼 더 노력했다. 친구들에게 더 알려주기 위해서 공부하다 보니 좋은 성적으로 대학교를 졸업할 수 있었다. 졸업 시즌이 다가오니 걱정은 취업이었다. 전문대학 특성상 주변에서 대기업을 가는 경우가 정말 많았다. 그 사례가 나에겐 동기 부여가 되면서도 압박이 되었다. 나도 대기업을 가야만 하는 느낌이었다.

그렇게 취업 준비를 하면서 많은 자기소개서를 썼다. 처음 쓴 자기소개서로 면접까지 가게 되었다. 첫 면접은 준비를 많이 하지 않아서 떨어졌다. 하지만 처음 쓴 자기소개서가 한 번에 붙어서 자신감이 붙었다. 이 결과가 큰 실수였다. 처음부터 대기업 서류전형을 통과했더니 눈이 높아졌다. 하지만 다음 대기업부터는 계속 떨어지기 시작했다.

처음 불합격 결과를 받은 나는 충격적이었다. 그 뒤로는 자기소개서를 쓸 때마다 두려웠고 어려웠다. 또 떨어질까 하는 걱정에 자기소개서를 잘 쓰지도 못했다. 수험 생활보다 더 자존감이 낮아지는 시절이 취업 시기인 것 같다. 계속되는 불합격 소식에 내가 한없이 작아지기 때문이다.

자존감이 낮아지던 시절에 유명 프로게이머 선수인 '페이커' 선수가 인터뷰에 나와서 책을 추천했다. 『나를 모르는 나에게』라는 책을 추천해줬다. 나는 바로 도서관에 가서 추천해준 책을 빌려서 읽었다. 이 책에서 위로를 받은 나는 많은 책을 읽기 시작했다.

거기에서는 나의 속마음을 들여다볼 수 있는 여러 가지 질문들과 함께 실제로 적어보는 시간을 갖길 바랐다. 나는 그렇게 속마음을 들여다보며 나와 점점 가까워졌다. 취업 준비를 하면서 자책도 많이 했기에 무너졌던 것 같다.

나를 회복하고, 자기소개서를 쓰면서 내면이 성장했다. 그 시기에 유튜브에서 취업 준비생들을 위한 영상을 봤다. 그 영상에서의 딱 한마디가 나를 울렸다. 취업 시기에는 서류 불합격이라는 소식에 무뎌져야 한다고 했다. 그래야 다음 서류를 넣고 또 다음 자기소개서를 쓸 수 있다고 했다.

나는 점점 서류 불합격에 무뎌져가기 위해 노력했다. 그렇게 10번, 20번, … 70번 가까이 떨어지기를 반복했다. 나는 세상에 이렇게 많은 기업이 있다는 것을 깨닫게 되었다. 그리고 생각했다. '이렇게 많은 기업이 있는데 내가 일할 자리가 없을까.' 하고.

떨어지는 소식과 함께 합격 소식도 조금씩 들려왔다. 서류 불합격에는 많이 무뎌졌지만, 면접 불합격은 나에게 더 아팠다. 서류가 붙는 순간 설레는 마음이 생기기 때문이었던 것 같다. 대기업 면접을 준비하면서 나도 대기업에 다니고 싶다는 마음이 커졌다. 그래서 그런지 면접 불합격은 쉽게 무뎌지지 않았다. 실제로 면접 기회는 많이 없었기 때문이다.

유튜브를 보며 세운 나의 목표는 서류 100개 쓰기였다. 그 목표를 다 채우기 전에 다행히 최종 합격이라는 소식을 들었다. 최종 합격과 함께 아직도 면접이 두 개나 남아 있다는 사실이 행복했다. 내가 점점 단단해지는 게 느껴졌다. 그렇게 최종 합격을 한 회사에서 직장 생활이 시작됐다. 처음 해보는 직장 생활이 어려웠다. 나는 그렇게 또 성장하고 있었다.

재수 생활과 취업 준비생 시간은 나에게 많은 성장을 줬다. 내가 견디지 못했다면 대학교 입학도 직장 생활도 하지 못했을 것이다. 나는 그 시간을 견뎌냈다. 대학을 가기 위해 2년이라는 시간과 취업을 하기 위해 1년이라는 시간을 묵묵히 견뎠다.

남들은 빠르게 대학도 가고 취업도 한다. 하지만 다음에 똑같은 시기가 온다면 잘 해낼 사람은 그 시기를 견뎌낸 사람이라고 생각한다.

매미는 애벌레 시기에 15회 정도의 탈피를 거듭해서 6년 정도 유충의 세월을 보낸다. 그렇게 점점 단단해진다. 그 시기를 버틴 애벌레만이 마지막에 땅 위로 올라와 껍질을 벗고 성충이 되어 매미로 살아간다. 땅 위에서 사는 기간은 단지 7~20일 정도이다. 애벌레의 시기를 버틴 매미에게만 주어지는 아름다운 기간이다.

우리에게도 모두 버티면서 단단해지는 기간이 있다. 그 기간을 지나면 매미처럼 아름다운 기간을 보낼 수 있다. 그 기간을 견뎌내지 못하면 아름다운 구간이 오지 않는다. 아름다운 기간을 위해 조금만 더 견디며 노력하자.

누구나 처음 사는 인생이기 때문에 인생의 방향 결정은 누구에게나 어렵다. 해보지 않은 길을 도전하는 사람들도 많고, 누군가가 걸어왔던 길을 걷는 사람도 많다. 하지만 그 길을 묵묵히 걷다 보면 단단해질 것이다. 그렇게 우리는 조금씩 어제보다 더 단단해져간다.

말하는 대로
이루어진다

"말이 씨가 된다."라는 속담이 있다. 문장 그대로 무심코 한 말이 사실 대로 된다는 말이다. 어릴 때는 부모님께서 항상 하신 말씀이었다. "말이 씨가 된다. 말을 조심해야 한다."라고 하셨다. 어린 나는 잘 느끼지 못했다.

어머니께서는 항상 "너는 잘될 거야.", "너는 행복한 아이야."라고 말씀 해주셨다. 어머니께서는 말하는 대로 이루어진다는 것을 아시기 때문에 항상 긍정적인 말씀을 해주셨다. 그래서인지 나와 동생은 어릴 때부터 운이 좋았다. 하려고 마음먹은 일이 대부분 잘 풀렸기 때문이다.

나는 그냥 나와 동생이 운이 좋은 사람이라고 생각했다. 하지만 지금 생각해보니 어머니께서 항상 말로 응원해주셨기 때문이라고 생각한다. 그리고 실제로 그 말대로 이루어진 것으로 생각한다.

말은 대부분 생각에서 시작된다. 생각이 운명을 결정한다면 우리가 하는 생각이 중요하다는 것을 깨닫게 된다. "생각이 말이 되고, 말이 행동이 되고, 행동이 습관이 되고, 습관이 성격이 되며, 성격이 운명이 된다." 라는 말이 있다.

대부분 긍정적인 생각을 할수록 그 생각에 맞는 말과 행동을 하게 되고, 결국 좋은 습관으로 자리를 잡으면서 우리의 운명도 바뀌게 된다. 결국 우리는 생각대로 된다. 생각에 따라서 말을 하기 때문이다.

여기에는 끌어당김의 법칙도 존재한다고 생각한다. 본인이 긍정적인 생각을 하면 할수록 주변에는 비슷한 긍정적인 생각을 하는 사람들이 모여들게 된다. 그러다 보면 자연스럽게 좋은 말들만 하게 된다.

하지만 반대로 본인이 부정적인 생각을 많이 하는 습관을 지녔다면, 주변에도 부정적인 생각을 하는 사람들이 모이게 된다. 그렇게 우리의 운명은 부정적으로 흘러가게 된다. 내 생각을 바꾸고 좋은 사람들을 주변에 끌어당겨야 한다.

재수학원에 다닐 때 선생님께서 항상 하신 말씀이 있다. "나쁜 생각이 들면 머리를 쥐어박고 좋은 생각으로 바꿔라."라고 하셨다. 선생님께서는 생각을 곧 말로 표현한다고 하셨다. 그래서 일단 생각부터 빨리 바꿔야 한다고 하셨다.

그리고 옆에서 자꾸 안 된다고 하는 사람이 있으면 속으로 '나는 된다.' 하고 그 사람으로부터 도망가라고 하셨다. 그렇지 않으면 주변에 자꾸 안 되는 사람들만 모이고 결국 모든 일이 안 된다고 했다. 그리고 말한다. "거봐. 내 말대로 안 되잖아."라고. 결국 본인이 말한 대로 이루어진 것이다.

생각을 바꿔서 "나는 될 거야."라고 했다면 아마 될 이유만 찾았을 것이다. 그렇게 일을 해내고 "거봐. 결국 되잖아!"라고 말했을 것이다.

재수 시절은 항상 불안함의 연속이었다. 내가 될지 안 될지 모르는 불안함 속에 있었다. 마치 끝없는 어둠의 터널 속에 있는 기분이었다. 내가 이 터널을 잘 나올 수 있을지 하루하루가 불안했다. 이 상황에서 부정적인 말까지 한다면 결국 부정적인 터널을 지나올 것이 뻔했다.

전체 인생으로 보면 짧은 1년의 세월이 그때는 엄청나게 길게 느껴졌다. 도중에 수없이 포기하고 싶었다. 그래서 나는 선생님의 말씀대로 긍정적인 말을 했다. 그리고 주변에 긍정적인 말만 하는 사람들을 두려고 했다. 아마 주변에 부정적인 친구들만 있었다면 나는 일찍이 포기했을 것이다. 하지만 주변에 긍정적인 사람으로 채워지니 재수라는 마라톤을 완주할 수 있었다.

아버지께서는 어느 날 '오늘도 나는 행복하다. 오늘도 나에게 행운이 온다.'라는 글귀를 프린트해오셨다. 방문, 현관, 옷장 등 눈에 보이는 곳에 모두 붙여주셨다. 그리고 매일 읽고 말해보라고 하셨다.

그렇게 쉽게 말로 따라 하며 우리 가족은 매일 행복했다. 그리고 매일 행운이 찾아왔다. 아버지께서 주신 선물로 가장 쉽게 행운과 행복을 찾았다. 아버지께서는 말하는 대로 이루어진다는 것을 간접적으로 알려주셨다.

"말하는 대로 이루어지니까 좋은 말만 해."라고 말씀하셨다면 우리는 실천하지 않았을 것이다. '무슨 좋은 말을 해야 할까?', '진짜 그렇게 되는 거 맞아?'라면서 많은 생각을 했을 것이다. 하지만 아버지께서는 우리가 행동하기 쉽도록 좋은 글귀를 프린트해오셨다. 그렇게 우리에게 말하는 대로 이루어지는 작은 선물을 주셨다.

"말하는 대로 말하는 대로 될 수 있단 걸 눈으로 본 순간 믿어보기로 했지 / 마음먹은 대로 생각한 대로 할 수 있단 걸 알게 된 순간 고갤 끄덕였지 / 마음먹은 대로 생각한 대로 말하는 대로 될 수 있단 걸 알지 못했지 그땐 몰랐지"- 〈말하는 대로〉 가사 중에서

'말하는 대로'라는 노래 가사이다. 노래를 지은 유재석 씨와 이적 씨는 20대에게 해주고 싶은 이야기를 노래로 담았다. 노래에는 말하는 대로 생각한 대로 이루어진다는 내용을 담고 있다. 하지만 본인이 20대 때에는 잘 몰랐다고 한다. 지금 와서 생각해보니 모두 말하는 대로 이루어지고 있다고 했다.

그렇게 깨달은 것을 청년들에게 알려주기 위해서 노래를 쓰고 불렀다. 말하는 대로 이루어지고 생각한 대로 이루어진다. 그러니까 꾸준히 좋은 생각과 말만 하며 앞으로 나아갔으면 좋겠다고 노래로 위로해줬다. 말하는 대로 이루어진다는 것을 믿지 못할 수도 있다. 유재석 씨도 이적 씨도 나중에 깨달은 사실이다. 그러면 가장 쉬운 방법이 있다. 바로 '자기 암시 테이프'를 만드는 것이다. 자기 암시 테이프라는 것은 긍정적이고 좋은 말을 녹음하는 것이다.

나는 '나는 할 수 있다. 나는 매일 행복하다. 나에게 행운이 온다. 나는

모든 문제를 해결할 수 있다. 나는 남과 나를 비교하지 않는다. 나는 무슨 일이든 해낼 수 있다.' 이 문장을 나의 목소리로 녹음하는 것이다. 그리고 매일 아침, 자기 전에 듣고 말로 한다.

회사를 출근하면서 나의 목소리로 녹음된 음성을 듣는다. 나의 목소리로 녹음된 힘찬 문장을 듣고 말로 하면서 나는 힘을 얻는다. 지루했던 회사의 출근길에 나의 목소리가 활력제가 되었다.

모든 것은 사람의 말이 결정한다. 만일 당신이 이긴다고 말하면 당신은 승리할 것이다. 만일 당신이 무언가를 진정으로 원한다면 그대로 될 것이다. 진정으로 원하는 마음을 갖고 노력한다면, 불가능을 가능으로 바꾸는 것은 어렵지 않다. 그리고 자기 자신이 인정하지 않는 한 이 세상에 불가능이란 없다.

불가능의 기준을 세우는 건 본인이다. 많은 사람들은 일시적인 좌절에 포기한다. 그렇게 본인의 기준을 세우고 그 앞에서 돌아선다. 조금만 더 하면 불가능을 가능으로 바꿀 수 있다. 그렇게 우리는 불가능의 기준을 넘어보자. 우리의 생각대로 말대로 모든 것을 이룰 수 있다.

아버지께서 선물해주신 행운과 행복처럼 우리는 간단하게 말로 행운과 행복을 가져올 수 있다. 어렵다면 자기 암시 테이프를 만들고 나의 행운과 행복을 가져오자. 결국 우리는 우리가 생각한 대로 말하고 그렇게 이루어질 것이다.

우리는 할 수 있다고만 말해야 한다. 그렇게 할 수 있는 방법만 찾아야 한다. 할 수 없다고 말하면 할 수 없는 방법과 핑계만 만들어낸다.

오늘부터 나에게 '할 수 있다. 운이 좋은 사람이다. 나는 매일 발전한다.'라고 말하자. 그렇게 말하는 대로 모든 것을 이루자.

07

오늘부터 내 인생,
행복합니다

'인생을 행복하게 살려면 어떤 것을 해야 할까'라는 고민을 엄청나게 했다. 주변 사람들에게도 많이 물어봤다. 요즘은 진짜 행복이 퇴근하고 나서부터 시작되는 것을 느낄 수 있었다. 퇴근하고 나서 자기 계발을 하는 사람, 취미 생활을 하는 사람, 친구들을 만나러 가는 사람 등 진짜 행복한 시간이 시작되었다.

요즘에는 디지털 노마드라는 신조어가 생겼다. 디지털 기기(노트북)를 이용하여 공간에 제약을 받지 않고 재택 혹은 이동 근무를 하면서 자유롭게 생활하는 사람들을 말한다. 그래서 온라인 비즈니스를 하고 싶어하는 사람이 많아졌다. 너도 나도 노트북을 들고 다니면서 4시간만 일하고 직장인의 월급을 받고 싶어하는 사람들이 많아졌다.

나 또한 그런 꿈을 가지고 있었다. 하지만 정작 내가 무엇을 잘하고 남들에게 줄 수 있는지 몰랐다. 결국 디지털 노마드가 되기 위해선 이미 나온 상품들과는 차별성이 있는 상품을 만들어야 했다. 차별성은 나의 어떤 강점을 추가해서 나올 수도 있었다.

많은 사람들이 블로그를 시작한다. 블로그를 상위 노출시키는 방법에 관한 많은 교육이 시작되었다. 상품이 많아지자 이제 서비스를 시작하려는 사람들은 시장 진입이 어려워졌다. 그러자 사람들이 차별성을 두기 시작했다. 어떤 분야의 블로그를 상위 노출시키는 방법이라든지 전문적으로 차별성을 두는 등 다양한 사례가 생겼다.

나는 창업과 사업을 하고 싶어하는 사람들이 모이는 강연에 참석했다. 다양한 사람들을 만나며 인맥을 쌓고, 좋은 시너지를 얻기 위해 참석했다. 그곳에선 다양한 사람들이 실제로 많은 수업을 듣고 자기만의 사업을 하기 위해서 또 모였다. 하지만 그 중의 대다수가 자기가 가지고 있는 무기를 찾지 못해서 아직도 아이템을 찾고 있다고 했다. 지식 창업은 자기 무기를 스토리와 연결하고 남들을 돕는 일이었다.

이 강연에서 나는 본인의 강점을 찾는 것을 어려워하는 사람이 많다는 것을 깨달았다. 지식 창업을 하고 싶은데 본인의 무기가 무엇인지 못 찾는 사람들이 많았다. 나도 지식 창업을 해보고 싶었지만, 나의 무기를 찾지 못했다. 하지만 답은 내 안에 있었다.

나는 어릴 때부터 사람들의 장점과 강점을 찾아 칭찬하는 무기가 있었다. 하지만 정작 나도 이게 무기가 될 줄 몰랐다. 사람들의 장점과 강점을 찾아주고 지식 창업을 할 수 있도록 방법을 알려주는 게 나의 무기가 되었다.

많은 사람들이 지식 창업에 대해 알려주고 있다. 하지만 거기에서 사람들의 강점과 장점까지 찾아주진 못한다. 나는 그래서 차별성을 두기 위해서 사람들의 강점과 장점을 찾아주는 서비스를 기획했다.

처음에는 이런 상품이 팔릴까 고민했다. 그래서 나는 블로그에 이웃이 4,000명이 넘어가는 상태에서 한 번 홍보했다.

"저는 사람들의 장점과 강점을 잘 찾습니다. 혹시 지금 블로그를 키우고 브랜딩을 하고 싶으신데, 본인만의 무기를 찾고 싶으신 분이 계신다면 저와 함께 한 달 동안 무기를 찾고 브랜딩의 방향을 정하셨으면 좋겠습니다."

이렇게 사람들을 모았고 나는 딱 3명의 사람을 받았다. 많은 사람들을 받을 수 있었지만, 나의 에너지를 완전히 쏟아서 그 사람들이 꼭 자신만의 무기를 찾아서 블로그 브랜딩에 성공하게 하고 싶었다. 그리고 좋은 후기를 만들고 싶었다.

내가 배운 블로그 브랜딩 지식과 누구나 전자책을 단 2주 만에 만들 수 있는 무기를 가지고 사람들을 브랜딩 해주기 시작했다. 대신 노쇼 방지를 위해 5만 원을 받았다. 나와의 상담이 끝난 한 달 뒤에 모두에게 돌려줄 예정이다. 대부분 공짜로 서비스를 하면 공짜라는 인식 때문인지 열심히 준비해도 참여율이 저조했다. 그래서 나는 정말 간절한 3명을 받고 무료로 도와주기 위해서 어느 정도 선을 만들었다.

나는 사람들에게 자신만의 무기가 있다고 생각한다. 물론 아예 무기가 없는 사람도 있다. 그런 사람들은 지금 늦지 않았다. 무기를 만들면 된다고 생각한다. 정말 젊음이 무기이다. 하지만 젊지 않은 사람도 괜찮다. 젊지 않은 사람들은 보통 자신을 잘 모르는 경우가 많았다. 세상을 살면서 정말 많은 무기를 갖추고 있는 데도.

그런 사람들의 무기를 찾아주며 나는 행복했다. 나의 강점을 사용해서 사람들을 행복하게 해주니 서로 도움이 되는 구조가 나왔다. 보통 사람들은 자신과 마주하기를 상당히 두려워한다. 내가 그 역할을 해주고 있다. 나도 나와 마주하기가 너무나도 어려웠다. 누군가가 도와줬으면 좋겠다고 생각할 정도로.

나는 나를 처음 마주했을 때 심지어 눈물이 났다. 내가 좋아하지 않는 일을 하며 평생 살아야 할 상황이 너무 슬펐다. 그리도 나의 평생 꿈인 가출 청소년 재단을 만들고 싶다는 것은 꿈으로만 간직한 채 살아야 하는 상황이 슬펐다.

블로그를 키우고 행복에 관한 책을 쓰며 행복에 대해 많이 고민했다. 다른 사람들의 진짜 행복을 찾아주기 위해서도 많이 고민했다. 하지만 남들이 다 하는 위로 같은 건 해주고 싶지 않았다. 위로를 받은 잠깐은 행복해질 수 있다. 하지만 정작 자기가 원하는 삶을 살지 않는 사람들은 계속 위로를 받으러 다녀야 한다.

본인이 원하는 일을 할 때 정말 행복을 찾았다고 생각한다. 단지 밥을 먹기 위해서, 생계를 유지하기 위해서가 아니라 진짜 내 마음속에서 시키는 일을 할 때 행복이 찾아온다. 당장 일을 때려치우고 본인이 좋아하는 일을 찾으라는 소리가 아니다. 나도 직장을 다니면서 나의 행복을 찾기 시작했고, 내가 도와주려는 사람들도 직장을 다니는 직장인들도 많다.

요즘에는 직장이 평생 자신을 지켜줄 거라는 생각을 하는 사람은 많지 않다. 직장은 언제든지 어려워지면 사람들을 내쫓을 수 있는 곳이다. 그들은 돈을 벌기 위해 회사를 세웠기 때문이다. 회사로서는 당연하다고 생각한다. 그래서 우리는 회사에 다니면서 자신의 무기를 갖춰야 한다.

자기를 가장 잘 브랜딩 할 수 있는 무기는 단연코 책이다. 그렇다고 하지만 책을 처음부터 끝까지 쓰기란 어렵다. 처음 책을 쓰는 사람들은 출판사랑 계약하기도 너무나 어렵다. 그렇기에 출판사와 계약하지 않고 전문성을 나타낼 수 있는 전자책을 쓰는 것도 방법이다.

나는 그래서 브랜딩을 시킬 때 블로그를 키우면서 전자책을 준비시킨다. 전자책을 내면 많은 장점이 있다. 일단 전자책은 나의 지식을 정리하는 행위이다. 전자책은 무조건 해결책을 제시해줘야 한다. 그러다 보니 나의 지식이 정리되면서 점점 나는 전문성을 갖추기 시작한다.

전자책을 내면 부수입을 얻을 수 있다. 그리고 그 분야에서는 적어도 약간의 전문성이 생긴다. 그렇게 전자책으로 자신을 브랜딩하기 시작 할 수 있다.

드라마 〈그 남자의 기억법〉에는 이런 대사가 나온다.

"지나간 시간보다 다가올 날들이 더 행복했으면 좋겠습니다."

나의 책을 읽는 모든 독자들과 내 주변 사람들에게 해주고 싶은 말이었다. 지금까지 살아온 세월보다 다가올 세월이 더 행복했으면 좋겠다.

그래서 내가 만나는 사람들의 무기를 찾아주려고 노력했다. 본인의 무기를 찾고 앞으로의 세월이 너무나 행복하다고 말해줬으면 좋겠다. 하루하루가 설레서 다음 날이 빨리 왔으면 좋겠다고. 단지 출근하기 위해 눈뜨는 삶이 아니라 내가 좋아하는 일을 위해 눈뜨는 삶이 시작되었다고.

나도 내가 좋아하는 일을 하기 위해 새벽마다 5시에 일어난다. 내가 좋아하는 일을 하는 행복이란 말로 표현할 수 없다. 여러분들도 본인만의 행복을 찾았으면 좋겠다. 남들이 다 하는 위로가 아닌 진짜 내 무기를 갖고 평생 행복하게 사는 그런 삶.